Nebulosa – Figuren des Sozialen

05/2014

Subjekte der Geschichte

Nebulosa
Figuren des Sozialen

05/2014

Subjekte der Geschichte

Herausgegeben von Eva Holling,
Matthias Naumann und Frank Schlöffel

Neofelis Verlag

Nebulosa – Figuren des Sozialen
05/2014: Subjekte der Geschichte
Hrsg. v. Eva Holling / Matthias Naumann / Frank Schlöffel

Bibliografische Information der Deutschen Nationalbibliothek
Die Deutsche Nationalbibliothek verzeichnet diese Publikation in der Deutschen Nationalbibliografie; detaillierte bibliografische Daten sind im Internet über http://dnb.d-nb.de abrufbar.

Umschlaggestaltung: Marija Skara
Druck: PRESSEL Digitaler Produktionsdruck, Remshalden
Gedruckt auf FSC-zertifiziertem Papier.
ISSN: 2193-8490
ISBN: 978-3-943414-42-4

Erscheinungsweise: zweimal jährlich
Jahresabonnement 22 €, Einzelheft 14 €
Erhältlich in Ihrer Buchhandlung oder direkt beim Neofelis Verlag unter:
vertrieb@neofelis-verlag.de

Ein Abonnement verlängert sich automatisch um ein Jahr, wenn die Kündigung nicht mindestens drei Monate vor Ende des Kalenderjahrs erfolgt ist.

Inhalt

Auf- und Ausbruch

Die Frage nach einem Subjekt der Geschichte eröffnet ausgehend von der Bedeutungsgeschichte des Begriffs ‚Subjekt' das Verhältnis von Subjekt(en) und Geschichte(n) als ein ambigues – des Unterworfenseins des Subjekts unter die Geschichte bzw. der Gestaltung jener durch dieses. Letzteres Verhältnis lässt sich ohne ersteres nicht denken, vergäße es doch sonst die geschichtliche Gewordenheit eines jeden potentiellen Subjekts der Geschichte. Ein Subjekt in letzterem, ‚geschichtsmächtigen' Sinne ist durch ersteren Moment des Unterworfenseins eingeschränkt und doch auch als Sprung aus diesem zu verstehen, als Bruchmoment der Freiheit aus den Einschränkungen der Geschichte als gewordenen, aber damit veränderbaren gesellschaftlichen Verhältnissen. Eine Bemerkung Theodor W. Adornos aus seiner Vorlesung von 1964/65 *Zur Lehre von der Geschichte und von der Freiheit* gibt Anstoß, das Verhältnis von Geschichte und Subjekt unter der Perspektive einer möglichen Vernunft der Geschichte zu betrachten, die allerdings durchaus infrage zu stellen ist und sich nur als partielle und wechselnde Perspektive, wenn überhaupt, behaupten lässt:

> [D]ie Vernünftigkeit der Geschichte kann sich nur daran erweisen, *für wen* nun tatsächlich die Geschichte vernünftig ist. Wenn diese Vernunft, deren eigener Begriff ja an der Selbsterhaltung des Individuums gebildet ist, ein Subjekt überhaupt nicht mehr hat, für das sie vernünftig ist, dann schlägt sie in Unvernunft um. Und die Entwicklungen, die wir heute zu beobachten haben, sind ja zu einem nicht geringen Teil eben jener Umschlag der konsequenten Vernunft in Unvernunft dadurch, daß sie dieses Für etwas verliert. Das heißt, etwas handfester gesprochen, nichts anderes, als daß die Frage, ob Geschichte tatsächlich vernünftig sei, die Frage ist, wie sie zu den Einzelnen, die in den geschichtlichen Strom hineingeraten, sich verhält. Nur soweit, wie die Interessen und Bedürfnisse der Einzelnen, sei es in geschichtlichen Phasen zu dem Ihren kommen oder, wenigstens der Tendenz der Geschichte nach, in zunehmendem Maß befriedigt werden, nur soweit wird man von Vernünftigkeit der Geschichte reden können.[1]

Neben oder an die Stelle eines Subjekts der Geschichte tritt eines der Vernunft der Geschichte, d. h. eines, *für das* (die) Geschichte vernünftig sei. Offen bleibt dabei das Verhältnis zwischen Subjekt und Geschichte, doch ist anzunehmen, dass eher ein zum Handeln befähigtes, ‚Geschichte machendes' denn ein ihr unterworfenes Subjekt

1 Theodor W. Adorno: *Zur Lehre von der Geschichte und von der Freiheit (1964/65).* Frankfurt am Main: Suhrkamp 2006, S. 62.

in einem Bezug des „für sich" zu(r) Geschichte stehen kann. Daraus folgt die Frage, für welches Subjekt Geschichte geschehe, oder ob es für den gegenwärtigen Gang von Geschichte überhaupt ein Subjekt des „für" gibt oder geben kann. Nur, dass es ein Subjekt der Geschichte „an sich" nicht geben kann, scheint klar. Dem stände die behauptete Perspektivität im Verhältnis von Subjekt, Geschichte und Vernunft entgegen, die zugleich auf die Narrativität von Geschichte, ihr Erzähltwerden, verweist, das ein (ideologisches) Behaupten sowie auch ein forschendes Suchen nach ihrer (Un)Vernunft sein kann. Erzählt wird in und aus hegemonialisierenden Perspektiven, wobei der Blick auf ‚Geschichte' unter dem Aspekt der Narration eine weitere Spaltung in jedes mögliche Subjekt der Geschichte einführt: als eines, das erzählt, bzw. als eines, das erzählt wird, oder, wahrscheinlicher, wieder beides in wechselnden Verhältnissen zugleich. Wird Geschichte so als narratives Verhältnis gedacht, erscheinen Subjekte der Geschichte nicht nur als fabulierende, oder je nach Perspektive als fabelhaft, sondern befinden sich, um eine treffende Formulierung Hans-Thies Lehmanns aus anderem Zusammenhang hier aufzugreifen, in „Fabel-Haft"[2], können dem Erzählen und Erzähltwerden in ihren gesellschaftlichen und geschichtlichen Verhältnissen nicht entkommen. In der Fabelhaft der Geschichte sitzen ihre Subjekte ein. Entscheidend wird, an den Haftbedingungen, den Ausgestaltungen und Erzählformen der Fabeln, der Fiktionen, die gesellschaftliche Verhältnisse erzählen, zu arbeiten, sie anders und gerne in Brüchen zu erzählen, die ein politisches Denken – möglicherweise ein „eingreifendes Denken"[3] – aus den Fabeln zu eröffnen vermögen. Geschichte(n) und ihr(e) Subjekt(e) zu erzählen, erscheint dann als Möglichkeit, die gewordenen gesellschaftlichen Verhältnisse zu überschreiten, das Moment des Utopischen in die Geschichte einzuholen.

Neben den erzählenden und den erzählten Subjekten von Geschichte(n) erscheinen als weitere Position noch diejenigen, denen erzählt wird. Keine Geschichte ohne diese Zuhörer_innen, Zuschauer_innen, wobei sich mehrere Subjektpositionen – erzählend, erzählt, rezipierend – in einem/einer Einzelnen durchaus

2 Hans-Thies Lehmann: Fabel-Haft. In: Ders.: *Das Politische Schreiben. Essays zu Theatertexten.* Berlin: Theater der Zeit 2002, S. 219–237.

3 Vgl. Bertolt Brecht: Eingreifendes Denken. In: Ders.: *Werke. Große kommentierte Berliner und Frankfurter Ausgabe*, Bd. 21: Schriften 1, 1914–1933. Berlin / Frankfurt am Main: Aufbau / Suhrkamp, S. 524.

treffen können, oftmals treffen werden. Die Fabelhaft, das Vergangene und damit immer die Gegenwart als geschichtlichen Zusammenhang zu erzählen – d.i. darzustellen und zugleich herzustellen –, zeigt ihnen gegenüber die Art ihrer politischen Konstitution an ihrer Verhandlung von Handlungsfähigkeit und Zukunft. Als entscheidend erweist sich dabei, ob den rezipierenden potentiellen Subjekten der Geschichte diese als gemachte und damit veränderbare und ob ihnen zugleich damit Zukunft als mach- und veränderbare zu denken gegeben wird. Nur mit Blick auf die Zukunft als einer möglichen Fortführung oder eben einem Ausbrechen aus der erzählten Geschichte lassen sich Möglichkeiten der Konstituierung eines Subjekts einer im Sinne Adornos vernünftigen Geschichte verhandeln:

> Nur soweit, wie die Interessen und Bedürfnisse der Einzelnen, sei es in geschichtlichen Phasen zu dem Ihren kommen oder, wenigstens der Tendenz der Geschichte nach, in zunehmendem Maß befriedigt werden, nur soweit wird man von Vernünftigkeit der Geschichte reden können.[4]

Es stellt sich die Frage, was die „Interessen und Bedürfnisse der Einzelnen“ sind, die sich als Subjekt(e) der Geschichte zu konstituieren hätten, und wie diese Einzelnen ein Bewusstsein dessen erhielten, was ihre Interessen und Bedürfnisse sind. Die Frage führt zurück in die Fabelhaft der Geschichte, in der jedes potentielle Subjekt der Geschichte als zum Schauplatz der Emanzipation immer zu spät kommendes, wie Ernesto Laclau schreibt,[5] vorgängig einsitzt, – und damit zur Frage des Auf- und Ausbruchs aus ihr, um aus dem Subjekt des Unterworfenseins eines der Ermächtigung und damit Öffnung der Geschichte zu machen. Dies geht wohl nur als immer weiter zu stellende Vielfalt an Fragen und politischen und künstlerischen Vorgängen, denen über Dokumentarisches hinausgehend ein Moment der Überschreitung, des Eröffnens und Avisierens eines Utopischen im Narrativen eigen zu sein hätte: der Auf- und Ausbruch aus der Fabelhaft der Geschichte als unabschließbare Aufgabe der Subjektkonstitution in, mit und gegen Geschichte.

4 Adorno: *Zur Lehre von der Geschichte und von der Freiheit*, S. 62.

5 „I remember that during my childhood in Argentina, in the continuous performance cinemas there was an announcement saying, 'The performance begins when your arrive'. Well, I think that 'emancipation' is the opposite: it is a performance at which we always arrive late and which forces us to guess, painfully, about its mythical or impossible origins. We have, however, to engage ourselves in this impossible task, which is, among other things, what gives deconstruction its meaning.“ (Ernesto Laclau: 'The Time is Out of Joint'. In: Ders.: *Emancipation(s)*. London / New York: Verso 2007, S. 66–83, hier S. 82.)

Doppelmord

Ein Schimmer von Hoffnung. Die «Eiszeit» beginnt. Ich bin tot, doch wird es vielleicht Arbeiten geben.
So wenigstens sieht es aus. – Ich bin tot, doch das tut nichts.
(Georg Lukács, *Tagebuch 1910–11*)

In Georg Lukács' „Tagebuch der Krise"[6], wie es in den Anmerkungen der Ausgabe genannt wird, verknüpfen sich Fragen nach dem eigenen Sein zentral mit dem eigenen Un-Sein. Intellektualität wird gegen Frivolität gesetzt, und das schreibende Subjekt erörtert im Schreiben immer wieder die Fürs und Widers des Freitods (den die für Lukács bedeutende Irma Seidel in jenem Zeitraum, in dem das Tagebuch geführt wird, bezeichnenderweise tatsächlich wählt). Auch im Briefekoffer aus dem Bankschließfach, aus dessen Material schließlich die Briefe-Edition 1902–1917 hervorgeht,[7] finden sich Schriftstücke, die ein Subjekt nach seinem gewählten Freitod perspektivieren, nämlich Abschiedsbriefe. Ein Ich verabschiedet sich, wird aber faktisch den Suizid nicht vollzogen haben.
Tagebuch und Brief werden so zu Praxen in vertextlichter Sprache, die ein Subjekt gleichermaßen ent- und verwerfen. Damit verweisen sie auf die maßgebliche Fähigkeit und Funktion der symbolischen Ordnung: Das Lebendige wird zugunsten einer andersartigen Existenz vernachlässigt, Subjektivität findet dort offenbar überhaupt erst im symbolischen Möglichkeitsraum statt. Jacques Lacan nennt diese ‚Überführung' ins Symbolische drastisch *Mord* an dem, was da überführt wird – „[d]as Symbol stellt sich so zunächst als Mord der Sache dar"[8] –, gleichzeitig liefert dieses ‚Verbrechen' aber die Voraussetzung dafür, „die Dinge in das Gebiet des Geistes empor[zuheben]"[9], wie Johan Huizinga es formuliert und darin den Angriffspunkt für einen spielerischen Umgang sieht. „Spielend springt der sprachschöpfende Geist immer wieder vom Stofflichen zum Gedachten hinüber"[10] und eröffnet so symbolischen Möglichkeitsraum, der sich stets abgelöst

6 Georg Lukács: *Tagebuch 1910–11*. Berlin: Brinkmann & Bose 1991, S. 53.

7 Georg Lukács: *Briefwechsel 1902–1917*. Stuttgart: Metzler 1988.

8 Jacques Lacan: Funktion und Feld des Sprechens und der Sprache in der Psychoanalyse. In: Ders.: *Schriften I*, ausgew. u. hrsg. v. Norbert Haas. Weinheim / Berlin: Quadriga 1991, S. 71–169, hier S. 166.

9 Johan Huizinga: *Homo Ludens. Vom Ursprung der Kultur im Spiel.* Reinbek: Rowohlt 1987, S. 12.

10 Ebd.

vom Faktischen abspielt, egal ob er dezidiert Fakten dokumentieren oder Fiktives schaffen will.

Die Frage nach dem Verhältnis von Leben, also sich Ereignendem, und Sprache bzw. Schrift wird für Lukács auch zur wissenschaftlichen Frage: „Denn die Frage, als deren gestaltende Antwort das Epos entsteht, ist: wie kann das Leben wesenhaft werden?“[11] Handelt es sich um eine Unterscheidung zwischen einem Ereigneten als bloß stattfindendem und einem mit Sinn versehenem? Zwischen dem ereigneten *Leben* und dessen Anerkennung als *Wesen*[12] scheint genau die Überführung ins Symbolische zu liegen, die Macht des Subjekts, Welt zu formen. Die von Lukács aufgezählten, „zeitlos paradigmatischen Formen des Weltgestaltens: Epos, Tragödie und Philosophie“[13] sind, wie Brief und Tagebuch, ‚Medienwechsel‘ ins Schriftliche.[14] Mit Lacan können diese Formen als ‚besonders‘ symbolisch angesehen werden, da Text festgestellte, unausgesprochene *parole*, also der Wechsel sowohl in die Sprache als auch in die schriftliche Form ist. Damit trennt sich der Text jedoch nicht nur vom Ereigneten, sondern auch von seinem Autor, wie Jacques Derrida es mit der „Iterabilität“[15] verdeutlicht – ein Doppelmord?

Der symbolische Mord scheint die Basis für Subjekt und Geschichte gleichermaßen zu bilden, ihre Gemeinsamkeit zu sein. Geschichte ist aufgrund ihrer ermordeten Ereignisse eigentlich immer tot und gleichzeitig ganz im symbolischen Register verlebendigt – was viele, konkurrierende Geschichtsschreibungen (derselben Ereignisse mithin) eindrücklich belegen. Verantwortung und politische Brisanz gehen mit ihr einher, denn ebenso ist nach den Einsätzen von Autor-ität

11 Georg Lukács: *Die Theorie des Romans. Ein geschichtsphilosophischer Versuch über die Formen der großen Epik.* Berlin: Paul Cassirer 1920, S. 11.

12 „[D]as bloße Leben versinkt zum Nichtsein vor der allein wahren Wirklichkeit des Wesens; es ist eine Seinshöhe jenseits des Lebens voll reich blühender Fülle erreicht worden, der gegenüber das gewöhnliche Leben nicht einmal als Gegensatz gebraucht werden kann.“ (Lukács: *Theorie des Romans*, S. 17–18.)

13 Ebd., S. 17.

14 Bei der Tragödie handelt es sich freilich um einen doppelten Wechsel, wenn der Dramentext schließlich wieder in der Aufführung ans Leben gekoppelt wird, wie auch Lukács vermerkt: „Erst wenn die Tragödie die Frage: wie kann das Wesen lebendig werden? gestaltend beantwortet hat, ist es bewußt geworden, daß das Leben, so wie es ist […], die Immanenz des Wesens verloren hat.“ (Lukács: *Theorie des Romans*, S. 17.) Dies unterstützt die vorausgesetzte Trennung zwischen Leben und Wesen.

15 Vgl. Jacques Derrida: Signatur Ereignis Kontext. In: Ders.: *Die différance. Ausgewählte Texte.* Stuttgart: Reclam 2004, S. 68–110.

ihrer verlorenen Schreibenden zu fragen wie nach den Geburten von Lesenden[16] und deren Haltungen zum Text, zur Geschichte, zum Leben. Der Eintritt ins Symbolische ist einerseits also der Eintritt in trans-subjektive Narrative, ein Sprach-System stets von Anderen her kommend, mit Einordnung in Zeit, in Linearität, in Kontexte einhergehend – was das sich ‚nur' Ereignende primär nicht erfüllt, sondern eben zu-geschrieben bekommt. Bei Lacan führt der basale Zusammenhang von Subjekt und Sprache allerdings gerade zum Austritt aus linearen Narrativen und vielmehr in Bereiche der Spaltung, der gleitenden Verweise, des Unbewussten.[17] Dies lässt umgekehrt nach dem Unbewussten der (gespaltenen?) Geschichte fragen.

Subjekt und Geschichte sind wahrscheinlich beide *Wesen* und daher nie lebendig, denn sie haben dasselbe Problem: Sie wollen bedeuten – für jemand, der Andere ist ihnen eingeschrieben, und nun müssen sie einen Weg finden, Wahrnehmung abzugeben, wobei sie im Leben grundsätzlich genuin flüchtig sind und im Wesen schon nicht mehr. Der Eingang ins Symbolische macht beider Wesen aus.

Das Tagebuch zeigt eine solche, symbolische Praxis für Subjektivität; ein Sich-selbst-Schreiben durch den Drang, bio-graphisch zu werden, eine eigene Geschichte zu erhalten und sich diese selbst aktiv zuzuschreiben. Schreibt also Lukács – und mit ihm jedes Tagebuch, jeder Brief, jedes Ich – den Selbst-Mord an der eigenen Subjektivität und braucht ihn daher nicht mehr am eigenen Leibe zu vollziehen? Erfolgt so der Eintritt des Subjekts in die Geschichte, durch das Ausmerzen des im Leben Stattfindenden? Triumphiert also das sich so erschriebene, vergeschichtlichte Wesen über das frivole Leben? Zumindest macht es sich angreifbar für die Zufälle von Überlieferung der subjektiven Geschichtlichkeit: Irgendwann findet sich zufällig ein Koffer, dessen Dokumente durch Zufall einem Subjekt der Geschichte zugeordnet werden (können), seiner Geschichte eine neue Lesart hinzufügend („Seit der Edition dieser Briefe muß Biographie

16 Vgl. Roland Barthes: Der Tod des Autors. In: Fotis Jannidis / Gerhard Lauer / Mathias Martinez / Simone Winko (Hrsg.): *Texte zur Theorie der Autorschaft.* Stuttgart: Reclam 2000, S. 185–193.

17 Wie z. B. „L'inconscient est structuré comme un langage" (Jacques Lacan: *La méprise du sujet supposé savoir.* In: Ders.: *Autres Écrits.* Paris : Éditions du Seuil 2001, S. 329–339, hier S. 333) oder „Un signifiant se définit de représenter un sujet pour un autre signifiant." (Jacques Lacan: *L'Envers de la Psychanalyse*, Paris: Éditions du Seuil 1991, S. 228.)

und Werkverständnis von Georg Lukács neu überdacht werden.“[18]). Jedoch entscheidet nicht das lebendige Subjekt über seine geschichtlichen Lesarten.

*

Archiv, Herrschaft und Vertuschung

Die (Vor-)Geschichte des Archivs beginnt mit dem griechischen *archeîon* – dem antiken Wohnsitz griechischer Magistratsbeamter, den *Archonten.*[19] Ihnen oblag es, Jacques Derrida zufolge, das Archiv zu bewahren, es zu sichern, es zugleich aber auch zu interpretieren. „Denn die solchen *Archonten*“, schreibt Derrida, „als Depositum anvertrauten Dokumente behaupten das Gesetz: sie erinnern (an) das Gesetz.“[20] Jene Geschichte, die als Geschichte eines „Ort[s] der Herrschaftspraxis“[21] beginnt, setzt sich freilich bis heute fort. Archive sind auch in der Gegenwart Topologien hegemonialer Imperative. Vergleichbar dem Berliner Schlüssel Bruno Latours, der vom Hotelier mit einem gusseisernen Gewicht beschwert den Hotelgast wortwörtlich *befrachtet*, um klarzumachen, wo er hin gehört – nämlich zurück an die Rezeption –,[22] konfigurieren Archive, verstanden als *Mensch-Ding-Kollektive* im Sinne der ANT[23], Subjekte der Geschichte. Dies geschieht durch ihre Architektur, durch ihre Sammelpraxis und Ordnung des Archivguts, durch die Qualität ihrer Erschließung, durch die im Archiv vorhandenen Artefakte (die archivierten Dokumente selbst, Elektronik, Mobiliar usf.), durch die Möglichkeiten des Zugangs und nicht zuletzt durch die Archivar_innen. Als Akteur-Netzwerk ist es

18 Fritz J. Raddatz: Tränen hinter der Maske. Georg Lukács: Briefwechsel 1902–1917. In: *Die Zeit*, 11.11.1983. http://www.zeit.de/1983/46/traenen-hinter-der-maske (Zugriff am 21.02.2014).

19 Siehe hierzu Jacques Derrida: Dem Archiv verschrieben. In: Knut Ebeling / Stephan Günzel (Hrsg.): *Archivologie. Theorien des Archivs in Wissenschaft, Medien und Künsten.* Berlin: Kadmos 2009, S. 29–60.

20 Ebd., S. 32–33.

21 Anja Horstmann / Vanina Kopp: Einleitung. In: Dies. (Hrsg.): *Archiv – Macht – Wissen. Organisation und Konstruktion von Wissen und Wirklichkeiten in Archiven.* Frankfurt am Main / New York: Campus 2010, S. 9–22, hier S. 14.

22 Vgl. Bruno Latour: *Der Berliner Schlüssel. Erkundungen eines Liebhabers der Wissenschaften.* Berlin: Akademie 1996, S. 53–61 (Kap. „Das moralische Gewicht eines Schlüsselanhängers“).

23 Siehe hierzu etwa Bruno Latour: *Eine neue Soziologie für eine neue Gesellschaft. Einführung in die Akteur-Netzwerk-Theorie.* Frankfurt am Main: Suhrkamp 2007.

zugleich „produktiv und reproduktiv“[24] – ‚schafft‘ Geschichte und wieder-holt sie.

Vor diesem Hintergrund gilt es, das Archiv, wie Julia Herzberg herausarbeitet, nicht als „Sehnsuchtsort“ zu bewerben, sondern als Ort des „Misstrauens“ zu hinterfragen.[25] Folgerichtig weist Herzberg auf die Leerstellen hin, die sich in Archiven finden. Sie erscheinen aber nicht nur als *„originäres Schweigen“*[26], sondern als produziertes, wie Sperrfristen für spezifisches Archivgut, vor allem aber Aktenvernichtungen, die zuletzt beispielsweise im Zuge der sogenannten NSU-Affäre durch den Bundesverfassungsschutz veranlasst wurden, zeigen:

Der NSU-Untersuchungsausschuss des Bundestags hat dem Bundesverfassungsschutz ein vernichtendes Zeugnis beim Umgang mit Akten ausgestellt. Der konkrete Grund für die Löschung von sieben Akten zu V-Leuten in der Thüringer Neonazi-Szene blieb aber auch nach der ausführlichen Befragung des darin involvierten ehemaligen Referatsleiters unklar, wie die Obleute am Donnerstag in Berlin mitteilten. Zu diesem Vorgang habe er die Aussage verweigert.

> Unionsobmann Clemens Binninger (CDU) sagte, „dass die Art und Weise, wie Akten geführt, gespeichert oder gelöscht werden, eher an eine Lotterie als an ein seriöses Prinzip erinnert“. Binninger: „Manche Akten wurden gelöscht, andere blieben 15 Jahre liegen.“
>
> Der Ausschussvorsitzende Sebastian Edathy (SPD) teilte mit, im Bundesamt habe es 2011 eine Aktion gegeben, 15 Jahre alte Akten zu löschen. Verwunderlich sei, dass Ende 2011 – kurz nach dem Auffliegen des Nationalsozialistischen Untergrunds (NSU) – jüngere Akten gelöscht worden seien. Deutlich sei geworden, „dass das Bundesamt für Verfassungsschutz nicht als Hort des Datenschutzes betrachtet werden kann“. Man sei dort normalerweise sehr zurückhaltend, sich von Akten zu trennen.
>
> SPD-Obfrau Eva Högl sagte, der Verdacht, dass etwas vertuscht werden sollte, habe nicht ausgeräumt werden können.[27]

Die Geste des Vernichtens verknappt die ohnehin in der Archivlogik angelegte Begrenztheit denkbarer Szenarien. Diese Prekarisierung von im Archiv erzählter Geschichte findet sich in oben beschriebenem

24 Vgl. Michel de Certeau: Der Raum des Archivs oder die Perversion der Zeit. In: Ebeling / Günzel (Hrsg.): *Archivologie*, S. 113–121, hier S. 114.

25 Julia Herzberg: Russische Trojaner. Über das Eindringen bäuerlicher Autobiographik in das Archiv. In: *L'Homme* 20,1 (2009), S. 111–123, hier S. 123.

26 Ebd., S. 111.

27 Aktenvernichtung sollte vertuscht werden. http://www.fr-online.de/neonaziterror/nsu-mordserie-fromm-aktenvernichtung-sollte-vertuscht-werden,1477338,16549736.html (Zugriff am 03.03.2014).

Beispiel ins Extremste gesteigert[28] – was nicht (mehr) überliefert wird, kann nicht (mehr) interpretiert werden. Geschichte muss Spekulation bleiben, möglichen Geschichtsschreibungen wird die Grundlage entzogen.

***

Ab der vorliegenden Ausgabe trägt *Nebulosa* den neuen Untertitel *Figuren des Sozialen.* Damit verschiebt und konkretisiert sie ihre thematische Ausrichtung: In den Blick rücken soziale Akteur_innen mit ihren Praxen und Funktionen, seien es politische, kulturelle, künstlerische, diskursive oder andere. Ohne den Anspruch, eine Vollständigkeit sozialer Figuren oder eine einheitliche Typologie zur Diskussion zu stellen, widmen sich die Hefte von *Nebulosa* nun, weiterhin interdisziplinär, einzelnen sozialen Figuren und ihren Erscheinungsformen. Somit bleibt jedoch das Verhältnis von Sichtbarkeit und Sozialität als entscheidende Frage für *Nebulosa* weiterhin zentral.

Subjekte der Geschichte machen dabei den Anfang. Es eröffnen sich zwei Stränge, die immer wieder zueinander finden, einander überkreuzen, ohne doch in strikt definierter Form miteinander verbunden gedacht zu werden: Geschichte und Subjekte. Theoretische Fassungen dessen, was Geschichte und was ein Subjekt sei, bestimmen Wahrnehmungen von Geschichte und Gegenwart, von den Möglichkeiten sozialen und politischen Handelns und damit von Zukunft.
Moritz Altenried und Tina Turnheim gehen von unserer Gegenwart als einer ‚Zeit der Aufstände' aus, die sie zu Überlegungen über ein mögliches Erwachen der Geschichte und ihr zugehöriger Subjekte führt. Christian Sternad stellt die politische Setzung historischer Subjektivität als Moment von Geschichtsschreibung im Ausgang von Jacques Rancière vor, während Andreas Lotz die (historische) Genese der Subjekttheorie Alain Badious untersucht.
Matthias Koch / Christian Köhler nehmen eine Relektüre von Friedrich Kittlers „Aufschreibesystemen" vor. Philipp Altmann

28 Ein anderes Beispiel für die Löschung von Geschichte ist der Einsturz des Kölner Stadtarchivs, dessen Jubiläum sich in diesem Jahr zum fünften Mal jährt. Hier kann freilich nicht von einer gezielten Vernichtung gesprochen werden. Das Sprechen von „Unglück" beispielsweise auf der Webseite der Stadt Köln (vgl. Der Einsturz des Historischen Archivs. http://www.stadt-koeln.de/5/kulturstadt/historisches-archiv/einsturz (Zugriff am 07.03.2014)) vertuscht allerdings auch menschliches Handeln als Ursache des Einsturzes/der Auslöschung.

analysiert die Ethnisierung der Indigenenbewegung Ecuadors beispielhaft als einen Prozess kollektiver und politischer Subjektwerdung. Schließlich zeigt Elena Dingersen am Beispiel von Dresden und St. Petersburg, wie in Diskursstrategien der Verbelebung eine Stadt zur historischen Akteurin werden kann.

Der künstlerische Beitrag von [GALAKTIKON] lädt in die Welt einzigartiger Torsohüllen von ['GIZE:H] ein.

Im Forum kommentieren Daniela Kuka und Lorenz Aggermann den Themenschwerpunkt der vorangegangenen Ausgabe *Maßnehmen / Maßgeben.* Zudem trägt Felix Riedel die Diskussion um die *Gespenster* weiter und nimmt im Rückblick auf *Nebulosa* 03 noch einmal Stellung zu Adorno und seinem Verhältnis zum Okkultismus.

Ereignis und Dauer
Sieben Thesen zum gegenwärtigen Erwachen der Geschichte

Moritz Altenried / Tina Turnheim

Wer sich dieser Tage im New Yorker Financial District auf die Spurensuche nach Überresten von Occupy Wall Street (OWS) macht, dürfte dabei einzig auf eine unbedeutend kleine und betonierte Fläche stoßen, die sich kaum als Park bezeichnen lässt, außer Sicht- und Hörweite der Wall Street liegt und ringsherum von den Kathedralen des Kapitalismus verdunkelt wird. Dort, wo vor über zwei Jahren der Versuch unternommen wurde, eine wenn nicht neue, dann doch zumindest veränderte Form des Protests von der Peripherie ins symbolische Zentrum des Finanzkapitalismus zu tragen, dieses zu besetzen und dadurch eine maximale Aufmerksamkeit zu erzeugen, lässt sich heute noch nicht einmal mehr ein Straßenschild finden: Nach dem Liberty- scheint nun auch der Zuccotti-Park nicht mehr zu existieren. Es fehlen nicht nur Verweise und Erinnerungen an diesen vergangenen Versuch, viel eher entsteht vor Ort gar der Eindruck, als ob es OWS niemals gegeben hätte.
Zwei Jahre zuvor hatte Slavoj Žižek in eben jenem Zuccotti-Park folgende Worte an die Aktivist_innen gerichtet:

> Karnevalsfeiern sind billig zu haben – entscheidend ist aber, was am Morgen danach davon übrig ist, ob und wie sich unser Alltag verändern wird. Die Demonstranten sollten sich in hartes und geduldiges Arbeiten verlieben – sie sind der Anfang, nicht das Ende, und so lautet die Kernbotschaft: Das Tabu ist gebrochen, wir leben nicht in der besten aller möglichen Welten, wir dürfen, ja wir müssen über Alternativen nachdenken.[1].

Selbst wenn andere Protestbewegungen, wie zuletzt etwa die Gezi-Bewegung in der Türkei, materiellere Spuren hinterlassen haben und im sogenannten arabischen Frühling sogar über Jahrzehnte herrschende Regime gestürzt werden konnten, so stellt sich doch die Frage nach der Dauer und historischen Dimension der verschiedenen

1 Slavoj Žižek: Das gewaltsame Schweigen eines Neubeginns. In: Carla Blumenkranz / Keith Gessen / Christopher Glazek / Mark Greif / Sarah Leonard / Kathleen Ross / Nikil Saval / Eli Schmitt / Astra Taylor (Hrsg.): *Occupy! Die ersten Wochen in New York. Eine Dokumentation.* Berlin: Suhrkamp 2011, S. 68–77, hier S. 68.

Platzbesetzungen und Proteste. Schließlich schien es einige Jahrzehnte so, als ob Proteste und Aufstände bloß verzweifelte und aussichtslose Randnotizen einer, laut Francis Fukuyama[2] ohnehin längst zu Ende gegangenen Geschichte seien, die auf ihre unstetig fragmentierte und vom eigenen Scheitern überzeugte Art nur die bleierne Alternativlosigkeit des Bestehenden manifestierten.

In den folgenden sieben Thesen möchten wir hingegen behaupten, dass sich durch die in den letzten Jahren global ausbreitenden, höchst unterschiedlichen Proteste und Aufstände ein *Erwachen der Geschichte*[3] angekündigt hat, das als Suchbewegung nach anderen Formen des gesellschaftlichen Zusammenlebens und einer alternativen Aufteilung des *Gemeinsamen* verstanden werden kann. Unser Anliegen stellt somit einen Versuch dar, zusammenzudenken, was nicht zusammenzugehören scheint, um durch die Behauptung der Eröffnung einer historischen Sequenz über die heutigen Bedingungen für einen Eintritt in die Geschichte als politische Subjekte nachzudenken.

These 1
Das *Ende der Geschichte* ist am Ende

Seit wann ist das proklamierte Ende der Geschichte zu Ende, bzw., wann wurde es als das sichtbar, was es immer schon war, nämlich eine ideologische Figur?

Die seit 1990 hegemoniale globale Gouvernementalität zeichnet sich durch ihren post-politischen Charakter aus. Post-Politik[4] meint hier die bloße Verwaltung einer Gesellschaft, in der es scheinbar keine politisch-ideologischen Unterschiede und Trennungslinien mehr gibt. Sie mobilisiert den „stummen Zwang der ökonomischen Verhältnisse"[5] in einem Sinne, dass Herrschaft zu Management und Entscheidungen zu Effizienzmaximierung werden. Dies manifestierte sich nirgends stärker als in der Erzählung vom *Ende der Geschichte*, dem globalen Sieg von Kapitalismus und liberaler Demokratie nach dem Untergang der Sowjetunion, welcher zugleich auch die angebliche

2 Francis Fukuyama: *The End of History and the Last Man*. New York: Free Press 2006.

3 Alain Badiou: *Das Erwachen der Geschichte*. Wien: Passagen 2013.

4 Vgl. Jacques Rancière: Demokratie und Postdemokratie. In: Alain Badiou / Jacques Rancière (Hrsg.): *Politik der Wahrheit*. Wien: Turia + Kant 1997, S. 119–157; Slavoj Žižek: *Die Tücke des Subjekts*. Frankfurt am Main: Suhrkamp 2010, S. 272–281.

5 Karl Marx: *Das Kapital. Kritik der politischen Ökonomie. Erster Band. Marx-Engels-Werkausgabe* (*MEW*), Bd. 23. Berlin: Dietz 1962, S. 765.

Undenkbarkeit von Demokratie ohne Kapitalismus zementiert. In Folge ging es nicht mehr um die Systemfrage, sondern höchstens um die optimale Verwaltung des angeblich einzig möglichen Systems, wodurch sich seit Beginn der 1990er Jahre ein Neoliberalismus entwickelte, der sich als triumphalistisch charakterisieren lässt.[6]

Spätestens im Zuge der 2007 in den USA ausgebrochenen und bis heute weltweit anhaltenden Krise kam dieser Triumphalismus zu seinem Ende: Erneut manifestierte sich die inhärente Krisenhaftigkeit des Kapitalismus und räumte mit den Gewissheiten neoliberaler Gesellschaftsverwaltung auf. Die Logik der Alternativlosigkeit bleibt, wird nun aber fatalistisch.[7] Probleme und Verwerfungen des krisenhaften Kapitalismus werden seither zwar eingeräumt, allerdings wird die Austeritätspolitik als unausweichlich dargestellt, wie andere Gesellschaftmodelle weiterhin als utopisch oder verbrecherisch diskreditiert werden. Die post-politische Logik der Alternativlosigkeit scheint also weiter zu greifen und wird im Rahmen der Kürzungspolitik sogar noch radikalisiert. Als Logik der bloßen „Verwaltung gesellschaftlicher Bedürfnisse […] im Rahmen der bestehenden soziopolitischen Relationen“[8] findet sie unter anderem im technokratischen Regierungsstil der Troika oder der ehemaligen „Technokraten-Regierung“ Mario Montis in Italien ihren Ausdruck. Da diese Austeritätspolitik als alternativlos diktiert wird, ist es auch nur schlüssig, dass sie von „Experten“ und „Technokraten“ implementiert wird. Angesichts dieses Kapitalismus ohne Demokratie und dessen Logik stellen sich Fragen von gesellschaftspolitischen Alternativen nicht mehr.

Allerdings nimmt mittlerweile vielerorts der gesamtgesellschaftliche Konsens gegenüber diesem Neoliberalismus und dessen

6 „Dieser herrschsüchtige Diskurs nimmt oft manische, jubilatorische und beschwörende (*incantatoire*) Form an, die Freud der sogenannten Phase des Triumphs in der Trauerarbeit zuschrieb […] Im Rhythmus des Gleichschritts ruft sie [die Beschwörung]: Marx ist tot, der Kommunismus ist tot, ganz und gar tot, mit seinen Hoffnungen, seinem Diskurs, seinen Theorien und seinen Praktiken, es lebe der Kapitalismus, es lebe der Markt, es überlebe der ökonomische und politische Liberalismus“ (Jacques Derrida: *Marx' Gespenster: Der Staat der Schuld, die Trauerarbeit und die neue Internationale.* Frankfurt: Suhrkamp 2004, S. 78).

7 Moritz Altenried / Mariana Schütt: Krise und Normalität im Kapitalismus – Versuch einer schwierigen Verhältnisbestimmung. In: Sebastian Friedrich / Patrick Schreiner (Hrsg.): *Nation – Ausgrenzung – Krise.* Münster: edition assemblage 2013, S. 79–92.

8 Žižek: *Die Tücke des Subjekts*, S. 273.

Krisenmanagement ab. So hat die Krise in den letzten sechs Jahren zwar weder den globalen Kapitalismus zu Fall gebracht, noch sieht es im Moment so aus, als würde dies in absehbarer Zeit geschehen. Aber sie hat immerhin die Ära des Triumphalismus beendet, Kritik am Kapitalismus wieder sagbar gemacht und die Kontingenz der historischen Entwicklung zu Tage gebracht. Dadurch könnte diese Krise eine ‚Krisis' im eigentlichen Wortsinne sein, also ein Moment, in dem die Reproduktion des Systems in Frage steht, eine Zuspitzung, ein Wende- oder Entscheidungspunkt, der gesellschaftliche Veränderungen möglich und nötig macht.

These 2
Die gegenwärtig global auftretenden Proteste manifestieren ein *Erwachen der Geschichte*

Diese umfassende Krisensituation markiert gleichzeitig einen neuen globalen Protestzyklus, der sich weltweit an unterschiedlichsten Orten – von Nordafrika, Europa bis in die USA, Südamerika und Asien – und in heterogenen Formen – von Streiks über Platzbesetzungen bis hin zu Aufständen – manifestiert.

Trotz der radikalen Verschiedenartigkeit dieser Proteste bezüglich ihrer Ausdrucksformen, Akteur_innen, Ziele, Gegner_innen, historischen Hintergründe und geografischen Verortung – die sich bereits im Lokalen offenbart[9] und auf globaler Ebene noch deutlich differenzierter zu betrachten ist –, möchten wir sie als Eröffnung einer neuen historischen Sequenz, als *Zeit der Aufstände*, die ein *Erwachen der Geschichte* ankündigt, verstehen und Resonanzen[10] behaupten.

Denn diese Aufstände, so argumentieren Antonio Negri und Judith Revel 2011, „are revolts born, in Egypt, Spain, or England, out of the simultaneous refusal of the subjection, exploitation and plunder this economy has prepared for the lives of entire populations of the world, and the political forms within which the crisis of this

9 Selbst in Tunesien, wo, wie sich argumentieren lässt, mit der Selbstverbrennung Mohamed Bouazizis in Sidi Bouzid alles begann, zeigt sich diese Problematik: Die Gründe für die Revolte in Sidi Bouzid unterscheiden sich radikal von den Gründen und Bedingungen etwa in Tunis.

10 Zu den Begriffen der Frequenz, Resonanz und Signale in Bezug auf diese Proteste vgl. The Invisible Committee: *The Coming Insurrection.* Los Angeles: semiotext(e) 2009, S. 12; Michael Hardt / Antonio Negri: *Demokratie. Wofür wir kämpfen.* Frankfurt am Main / New York: Campus 2013, S. 10–11, 118–119; Badiou: *Das Erwachen der Geschichte*, S. 123.

biopolitical appropriation has been managed."[11] Armut, Unterdrückung, Hunger, Korruption, Ausgrenzung, Rassismus, Verschuldung, Arbeitslosigkeit – also die in ihrer jeweils lokal differenten Ausprägung die Lebensrealität der jeweiligen Bevölkerung bestimmenden Determinanten, wurden zu den Zielscheiben der Proteste und Aufstände.

„Noch blind, naiv, zerstreut, ohne starken Begriff und ohne dauerhafte Organisation ähnelt" dieser gegenwärtige Moment, laut Alain Badiou, „[...] den ersten Arbeiteraufständen des 19. Jahrhunderts."[12] Diesen globalen Äußerungen der Unzufriedenheit mit den kapitalistischen Verhältnissen könnte – und das macht der historische Vergleich mit der Geburtsepoche der kommunistischen Idee deutlich – die Möglichkeit zur Universalität von Emanzipation und das Behaupten einer Alternative immanent sein, sofern es auch auf ideologischer Ebene wieder gelingt, die Systemfrage zu stellen, unter Kapitalismuskritik mehr als die in Europa weitverbreitete Sehnsucht nach den Wohlfahrtsstaaten der Nachkriegsjahre zu verstehen und den historischen Fluchtpunkt demensprechend weiter zurück zu verlegen.

These 3
Die Proteste folgen zum Teil selbst einer post-politischen Logik

Um heute im emphatischen, also gestaltenden, Sinne *Subjekte der Geschichte* zu werden, müssen sich alle Formen des Protests mit der post-politischen Verfasstheit der Gegenwart auseinandersetzen und darauf achten, dass sie diese Logik nicht reproduzieren. So ist eine der Gemeinsamkeiten der (von zunehmend prekarisierten Mittelschichten geprägten) Bewegungen auf den Plätzen in Europa und Nordamerika oftmals ihre geradezu offene Ablehnung von etablierten politischen Parteien und Organisationen, teilweise aber auch von politischen Kategorien selbst, welche sich in Form eines post-ideologischen Selbstverständnisses äußert. Die Ablehnung von Kernideen des Politischen und eine Politik des kleinsten gemeinsamen Nenners führen dazu, dass sich der Protest inhaltlich oftmals um weitgehend leere Signifikanten formiert. Es geht um „echte Demokratie", gegen „Gier" und „Korruption", also um keine genuin politischen Forderungen, die in ihrem Gehalt kontrovers wären. Damit verschreiben

11 Antonio Negri / Judith Revel: *The Common in Revolt.* http://www.uninomade.org/commoninrevolt/ (Zugriff am 25.11.2013).

12 Badiou: *Das Erwachen der Geschichte*, S. 15.

sich die Proteste oftmals einer post-politischen, technokratischen oder moralistischen Kritik, wodurch sie einen hohen Verwandtschaftsgrad zu eben jenem Diskurs bekommen, der die neoliberale De-Politisierung der Politik begleitet und sich gleichzeitig zu reaktionären und antisemitischen Deutungsmustern hin öffnen kann.
Hierbei handelt es sich allerdings nur um einen Aspekt der Platzbesetzungen. Schließlich gab es etwa mit der Solidarbewegung in Griechenland, den Debatten zu *Commons* und Vergesellschaftung und vielleicht sogar der Idee eines neuen konstituierenden Prozesses von unten auch andere Forderungen und Suchbewegungen.[13] Darüber hinaus erweisen sich die – mit ihrem Anspruch auf Dauer an Belagerungen angelehnten – räumlichen Praxen der Platzbesetzungen als Generatoren der Intensivierung von politischer Subjektivität. Es handelt sich hier von daher nicht um eine Fundamentalkritik der Proteste, sondern darum, auf eine Problematik hinzuweisen, die sich durch viele gegenwärtige Versuche des Widerstands zieht. Es kann also nur darum gehen, die Alternativlosigkeit des Kapitalismus zu überwinden und wirklichen Wandel denkbar zu machen. Subjekt der Geschichte zu werden, meint dann im ersten Schritt die Einsicht in die Marx'sche Erkenntnis, dass die Menschen ihre eigene Geschichte machen, wenn auch nicht unter selbstgewählten Umständen.[14] Was in diesem Zusammenhang zuerst bedeuten würde, die These vom *Ende der Geschichte* zurückzuweisen.

These 4
Die Gefahr besteht nicht darin, aufzuwachen, sondern darin, weiter zu träumen

Diese Marx'sche Erkenntnis entstammt bekanntlich einem Text, der damit beginnt, Hegels These von der sich immer zweimal ereignenden Geschichte folgendermaßen zu ergänzen: „Er hat vergessen hinzuzufügen: das eine Mal als große Tragödie, das andre Mal als lumpige Farce."[15] Nun stellt sich hier angesichts der jüngsten Entwicklungen weniger die oft gestellte Frage, welche Geschehnisse die Farce von welchen Ereignissen gewesen sein könnten, sondern

13 Für eine linke Strömung (FelS): Eine konstituierende Perspektive radikaler Politik. In: *arranca!* 47 (2013), S. 9–13.

14 Karl Marx: *Der achtzehnte Brumaire des Louis Bonaparte.* In: *MEW*, Bd. 8. Berlin: Dietz 1960, S. 111–207, hier S. 115.

15 Ebd.

dringender jene, inwiefern die im Zuge der aktuellen Krise aufgetretene, weitverbreite (von den nordamerikanischen und europäischen Platzbesetzungen genauso wie vom bürgerlichen Feuilleton und von Größen des Konservatismus wie etwa Charles Moore oder Frank Schirrmacher getragene)[16] Kritik am neoliberalen Kapitalismus einen Versuch darstellen könnte, die aktuelle Krise des Kapitalismus als Katharsis[17] zu verkleiden. Diese Rekuperation von Kapitalismuskritik, bzw. ihre Wiederkehr als *lumpige Farce*, läuft somit Gefahr, das Potenzial der Krise als Umschlagspunkt zu maskieren und sie stattdessen als die durch Reinigung, Ausscheidung und Läuterung ermöglichte Verjüngungskur eines einzig zu gierig gewordenen, ansonsten aber reformierbaren Kapitalismus zu inszenieren und somit die – spätestens durch die Krise brüchig gewordene – Erzählung der Alternativlosigkeit zu kitten: „Die Gefahr besteht also darin, daß sich am Ende eine Erzählung durchsetzt, die uns nicht aufweckt, sondern die es uns ermöglicht, *weiterzuträumen*."[18]
Als Mediziner, Prinzenerzieher und Staatshygieniker, kurz, als antiker Technokrat[19], wusste Aristoteles um die erst affekterzeugende, dann affektabführende und somit stabilisierende Wirkung der Tragödie, die neben dieser Ventilfunktion auch darauf beharrt, dass die Menschen eben nicht Herren über ihre eigene Geschichte werden können. Gegenüber diesem zum Scheitern verurteilten Fatalismus der Tragödie[20] betont Robert Pfaller die materialistische Komponente der Komödie, welche unter dem Paradigma des Gelingens die scheinbar unmöglichsten und aussichtslosesten Vorhaben zum Erfolg bringt

16 Sebastian Friedrich: Krisenzeiten. Linke Anleihen im Krisendiskurs des FAZ-Feuilletons. In: Z – *Zeitschrift marxistische Erneuerung* 90 (2012), S. 45–53.

17 Vgl. Aristoteles: *Poetik*. Stuttgart: Reclam 2001, S. 19.

18 Slavoj Žižek: *Auf verlorenem Posten*. Frankfurt am Main: Suhrkamp 2009, S. 23.

19 Aristoteles liefert nicht nur dem aktuellen Krisenmanagement, sondern auch den Protesten gegen dieses das passende Programm: das Streben nach dem rechten Maß, Einfühlung und technokratische Lösungsansätze sowie vor allem die Trennung von Politik und Wahrheit, die Politik auf die Verwaltung des gemeinsamen Haushalts reduziert.

20 Pfaller verweist in *Wofür es sich zu leben lohnt* nicht nur darauf wie idealistische Denker_innen, – von Immanuel Kant bis Judith Butler –, „den Menschen immer die Geschichte erzählen, *sie seien in Wahrheit freier, als ihnen bewusst ist*", sondern arbeitet auch heraus, inwiefern die daraus resultierende Denkfigur der „selbstverschuldete[n] Unmündigkeit" gerade unter neoliberalen Verhältnissen ihre ideologische Funktion erfüllt (Robert Pfaller: *Wofür es sich zu Leben lohnt. Elemente materialistischer Philosophie*. Frankfurt am Main: Fischer 2011, S. 73, Hervorhebung im Original).

und im Gegensatz zur Tragödie darauf beharrt, dass Großartiges innerhalb dieser einzigen, diesseitigen Welt, von der der Materialismus ausgeht, möglich ist.

These 5
Die urbanen Revolten fordern die symbolische Ordnung heraus

Während den größtenteils friedlichen Praxen der Zeltlager auf den Plätzen der Sprung in die Feuilletons mit Leichtigkeit gelang, verstörten die militanten, subproletarischen Aufständischen in Paris, London oder Stockholm dadurch, dass sie anders als bei früheren, ähnlichen Aufständen in denselben oder ähnlich vergessenen und ausgegrenzten Stadtvierteln eben keine Forderungen mehr formulierten, sondern der Krise der Repräsentation und dem Verdrängen der sozialen und kolonialen Frage ihre unmittelbare physische Präsenz entgegenstellten. Unter der Formel „Die Zeit der Forderungen ist vorbei“[21] forderten die Revoltierenden keine Neuwahlen, soziale Reformen oder *echte Demokratie jetzt*, sondern artikulierten sich öffentlich primär durch ihre Konfrontation mit der Staatsgewalt. Walter Benjamin somit näher stehend als Negri, verkörperten sie den *destruktiven Charakter*[22], verorteten sich nicht auf der Seite des *politischen* sondern des *proletarischen Generalstreiks*.[23] Von daher lassen sich diese unmittelbaren Aufstände nicht nur als Aufstände gegen das politische und ökonomische System deuten, sondern stellen Politik jenseits der institutionellen Politik gerade eben dadurch her, dass sie einen öffnenden Bruch gegenüber der Ordnung der Polizei sichtbar machen: „Das Wesentliche der Politik ist die Demonstration des Dissens, als Vorhandensein zweier Welten in einer einzigen.“[24]

21 Kollektiv Rage: *Banlieues. Die Zeit der Forderungen ist vorbei.* Berlin: Assoziation A 2009, S. 21.

22 Vgl. Walter Benjamin: Der destruktive Charakter. In: Ders.: *Gesammelte Schriften*, Bd. IV.1, hrsg. v. Tillman Rexroth. Frankfurt am Main: Suhrkamp 1991, S. 396–398.

23 So schreibt Benjamin in Bezug auf Sorel: „‚Der politische Generalstreik […] demonstriert, wie der Staat nichts von seiner Kraft verlieren wird, wie die Macht von Privilegierten auf Privilegierte übergeht, wie die Masse der Produzenten ihre Herren wechseln wird.‘ Diesem politischen Generalstreik gegenüber (dessen Formel übrigens die der verflossenen deutschen Revolution zu sein scheint) setzt der proletarische sich die eine einzige Aufgabe der Vernichtung der Staatsgewalt. Er ‚schaltet alle ideologischen Konsequenzen jeder möglichen Sozialpolitik aus; seine Parteigänger sehen auch die populärsten Reformen als bürgerlich an‘.“ (Walter Benjamin: Zur Kritik der Gewalt. In: Ders.: *Gesammelte Schriften*, Bd. II.1, hrsg. v. Rolf Tiedemann / Hermann Schweppenhäuser. Frankfurt am Main: Suhrkamp 1977, S. 179–203, hier S. 193–194).

24 Jacques Rancière: *Zehn Thesen zu Politik.* Berlin: Diaphanes 2008, S. 33.

Nicht mehr an das die symbolische Ordnung herausfordernde Vermögen von Sprechakten glaubend, verzichteten die Revoltierenden gänzlich auf solche und ersetzten sie durch Akte, denen es zumindest temporär gelang, die symbolische Ordnung zu erschüttern. Sie entziehen sich so jedoch gleichzeitig auch der Vermittlung und dem Verständnis.

Trotz des offensichtlichen Fehlens eines – über die Negation des Bestehenden hinausgehenden – Programms, blitzten aus der Unordnung der Revolten Splitter eines ‚Wie-Es-Sein-Könnte' hervor: Außer-Kraft-Setzung und Zurückweisung der Staatsgewalt und Warenlogik, Komplizenschaft als Modell kollektiven Handelns, temporäre Rekuperation der Stadt als öffentlichem Raum und politischer Bühne durch die plötzlich sichtbar gewordenen Inexistenten und die sich nicht auf die sogenannten Diktaturen beschränkende polizeiliche Natur der Herrschaft.

Denn wie die Situationistische Internationale bereits 1962 über den Zusammenhang von Vandalismus und der Vorbereitung einer ersten Organisation des klassischen Proletariats Ende des 18. und Anfang des 19. Jahrhunderts in Form „einer Serie isolierter, sogenannter krimineller Handlungen" schrieb, ist es „ganz klar, dass heute wie damals der Wert nicht in der Zerstörung selbst liegt, sondern im Ungehorsam, der später in der Lage sein wird, sich in ein positives Projekt zu verwandeln […]."[25] Obwohl hier nicht genauer auf die bekannten Muster der Abläufe dieser Aufstände, welche jeweils durch die rassistische, polizeiliche Tötung (mindestens) einer Person aus dem jeweiligen von Arbeitslosigkeit, Armut, Ausgrenzung, Chancenlosigkeit und Rassismus betroffenen Viertel ausgelöst wurden, eingegangen werden kann, gilt es dennoch, auf die Dimension des Respekts und der Würde zu verweisen. Denn sich zu erheben und unzumutbare Bedingungen zurückzuweisen, kann letztlich auch als Frage der Selbstsorge[26] im weitesten Sinn verstanden werden, vor allem wenn man vom akuten Anlass der Erhebung nicht unmittelbar, sondern nur latent betroffen ist. Von daher blitzen auch Spuren eines Universalismus aus der Gewalt dieser Revolten hervor, die als Fragment einer neuen Sprache der Solidarität gelesen werden können.

25 Situationistische Internationale: Es werden bessere Tage kommen. In: Dies.: *Der Beginn einer Epoche*. Hamburg: Edition Nautilus 2008, S. 113.

26 Michel Foucault: *Die Sorge um sich. Sexualität und Wahrheit 3*. Frankfurt am Main: Suhrkamp 1986.

These 6
Politik der Sorge kann Protesten und Widerstand Dauer verleihen

Selbst wenn den urbanen Aufständen, entgegen der gängigen Erzählung, welche sie auf Gewalt von Seiten der Revoltierenden reduziert, Spuren und Formen von Solidarität zugesprochen werden müssen, so entwickelten die Platzbesetzungen hierzu doch weitreichendere und beachtlichere Praktiken, indem sie Sorge (in Form von Volx-Küchen über Gratis-Bibliotheken bis hin zu kostenloser medizinischer Versorgung und Rechtshilfe) zentral stellten. Es findet hier jedoch eine interessante Umkehrung zu bestimmten Gegebenheiten der griechischen Polis – die mit ihrer Demokratie der Plätze einen offensichtlichen Referenzpunkt bietet – statt: Durch das Leben auf den Plätzen treten verschiedene Formen der Reproduktionsarbeit (Kochen, medizinische Versorgung etc.) in die Öffentlichkeit, die nicht nur im antiken Griechenland in die häusliche Sphäre des *oikos* gedrängt waren und dort von Frauen und Sklav_innen ausgeführt werden mussten, während die Demokratie der Plätze die Sache der freien männlichen Bürger war. Die gegenwärtigen Platzbesetzungen ermöglichen also auch eine längst überfällige Politisierung und Sichtbarmachung des Unsichtbaren.[27] Zusätzlich kam es im Zuge der Krise in Südeuropa auch zu zahlreichen anderen Solidarisierungsprozessen: Zu nennen wäre unter anderem die Weigerung von spanischen Schlossern, sich an Zwangsräumungen zu beteiligen.

Während das kapitalistische System die Individuen trennt und in Konkurrenzbeziehungen zueinander stellt, ermöglicht es die *Sorge um Andere*, neue Formen des Gemeinsamen zu konstituieren, ohne dabei Vereinheitlichung zu riskieren. Sorgearbeit kann so auch als Intensivierung von subjektiver Energie verstanden werden, da Sorge den Blick

> auf die soziale Gewordenheit, auf die Gemachtheit der gegenwärtigen Verhältnisse, auf deren Historie und damit Veränderlichkeit [öffnet]. Sie schafft so Verbindungen zwischen Vergangenheit und Gegenwart, die der Kapitalismus immer wieder zu unterbrechen sucht. Sorge schafft so jene zeitliche Kontinuen, die kollektivem Tun erst Sinn geben […] Auf diese Weise kann ein Raum

27 Vgl. Gerda Maler: Das Unsichtbare sichtbar machen. Die Care- und Reproduktionskrise in den Blick nehmen. In: *ak – analyse & kritik* 552 (2010), http://www.akweb.de/ak_s/ak552/40.htm (Zugriff am 24.11.2013). Dass die Sichtbarmachung natürlich nicht alle Probleme löst, zeigt sich drastisch in Ägypten, wo am Tahrir-Platz zahlreiche sexualisierte Übergriffe stattfanden.

> geöffnet werden und Utopien und Möglichkeiten ge- und erfunden und damit auch aneignet werden [...] Eine Wiederaneignung von (kollektiven) Formen der Sorge ist Mittel und Zweck zugleich.[28]

Ein derart weitreichender Begriff von Sorgearbeit unterscheidet sich klar von karitativen Tätigkeiten, der Privatisierung des Sozialen und der gouvernementalen Bürgergesellschaft, da sie nicht nur ohne Erwartung von Gegenleistung, sondern vor allem auch gegen den Sicherheitsdiskurs gerichtet agiert. Der Angst vor dem/der Anderen wird so die Möglichkeit einer anderen Form des Miteinanders gegenübergestellt. Gerade der erschreckende und rasante Aufstieg der Neo-Nazi-Partei *Goldene Morgenröte*, welche sich im krisengebeutelten Griechenland die Sorge-Struktur der Platzbesetzer_innen von Syntagma zum Vorbild genommen hat und Essens- und Kleiderausgaben („Nur für Griechen") organisierte, zeigt, dass Sorge-Arbeit unter keinen Umständen rechten Organisationen überlassen werden darf – zumal Individuen und Kollektive umso gefährdeter sind, desto höher die Ungleichheit und geringer ihr Zugang zu Sorge ist. Diese Praxen verweisen auf materielle und soziale Konfliktlinien und deuten auf eine mögliche politische Ausrichtung: die Forderung und Suche nach sowie Erprobung von kollektiven Verwaltungen des Gemeinsamen nicht nur jenseits von, sondern auch gegen Markt und Staat.

These 7
Treue zum Ereignis bedeutet Organisation

Um den Bewegungen wirklich Dauer zu verleihen, bedeutet Sorge letztlich auch *Vorsorge*[29], was wiederum auf Organisation verweist. Unter Vorsorge verstehen wir hier nicht nur eine über die wichtige, öffentliche Sorgearbeit der Plätze hinausgehende kollektive Praxis, sondern auch ein Bekenntnis dazu, diese Erfahrungen und das Begehren nach anderen Formen des gesellschaftlichen Zusammenlebens zu bewahren. Besonders in den urbanen Revolten fehlt es jedoch an vielen Stellen an einer Vision, wie sich die Aufstände zu einer Assoziation freier Individuen hin organisieren könnten. In ihrer lautstarken Sprachlosigkeit lieferten die Ereignisse in Paris, London

28 Walter Winter: Care, Sorge, Für-Sorge: 5 Thesen. In: *grundrisse* 47 (2013), S.7–14, hier S. 13.

29 Vgl. Erich Mühsam: *Die Befreiung der Gesellschaft vom Staat. Was ist kommunistischer Anarchismus?* Berlin: Fanal-Verlag Erich Mühsam 1933, S. 37–38.

und anderswo kaum Ansatzpunkte für einen Übergang von Negation zu Konstitution.

In den Revolten des sogenannten arabischen Frühlings hingegen waren die Aufstände teilweise zumindest darin erfolgreich, dass in einem ersten Schritt langjährig herrschende Regime gestürzt werden konnten. Es gilt nun jedoch tragfähige soziale und politische Alternativen zu entwickeln. „Die Diktatoren zu stürzen war unzweifelhaft ein wesentlicher und wichtiger Faktor", argumentiert Michael Hardt in diesem Sinn, „aber die Bewegungen waren nicht in der Lage (oder sind es noch nicht) einen signifikanten konstituierenden Prozess zu erzeugen, der schließlich und schlussendlich tatsächlich in eine Revolution münden könnte."[30] Der Ausgang dieser unabgeschlossenen und umkämpften Prozesse ist, wie es etwa die unübersichtliche Situation in Ägypten zeigt, zwar immer noch völlig offen, dabei aber weitaus weniger optimistisch als vor zwei Jahren.

Von daher stellt sich in diesem Kontext die Frage der Organisation, die Frage nach der Möglichkeit, tatsächlich Neues zu kreieren, das sich nicht ausschließlich aus der Ablehnung des Alten speist. Gleichzeitig stellt sich das Problem der Organisation im Badiou'schen Denksystem auch als Frage nach der *Treue zum Ereignis*. In seinen Worten ist der

> Prozess, den ich ‚Organisation' nenne, also ein Versuch, die Kennzeichen des Ereignisses (Intensivierung, Kontraktion, Lokalisierung) gerade dann zu bewahren, wenn das Ereignis als solches nicht mehr seine anfängliche Kraft hat. In diesem Sinne ist die Organisation in der subjektiven Möglichkeit, in der sich die Idee hält, die Verwandlung der Macht des Ereignisses in Zeitlichkeit.[31]

Das einzige wirkliche Subjekt der Geschichte ist somit das politische, das die radikale Kontingenz des Bestehenden erkennt und versucht, die Geschichte durch Veränderung selbst in die Hand zu nehmen, obwohl es weiß, dass es weder so frei noch so mächtig ist, wie es sein sollte. Gleichzeitig kann dieses Subjekt heute nur ein kollektives und konstituierendes sein, das es schafft den Bruch auf Dauer zu stellen, und so der Weltveränderung innerhalb der Welt treu zu bleiben.

30 Michael Hardt: Von destituierenden Bewegungen zu konstituierender Macht. Interview von Ben Trott. In *arranca!* 47 (2013), S. 17–19, hier S. 17.

31 Badiou: *Das Erwachen der Geschichte*, S. 80.

Politik(en) der Historiographie
Historische Subjektivität im Ausgang von Jacques Rancière

Christian Sternad

Eine Geschichte ist im üblichen Sinne eine Reihe von Ereignissen, die im allgemeinen mit Eigennamen bezeichneten Subjekten zustoßen.[1]

(Jacques Rancière, *Die Nacht der Proletarier*)

Einleitung

Jacques Rancière ist aus den zeitgenössischen Diskursen verschiedenster Herkunft kaum mehr wegzudenken. Seine Überlegungen üben nachhaltigen Einfluss auf die Debatten der Philosophie, der politischen Theorie, der Literatur-, Kunst und Filmtheorie aus. Dennoch bleibt ein zentraler Bereich seiner Arbeit auffällig unterbelichtet, nämlich Rancières Bedeutung für die Geschichtswissenschaft.[2] Dies verwundert insofern, als Rancière zumindest zeitweise explizit historische Arbeit leistete, an einschlägig geschichtswissenschaftlichen Projekten beteiligt war (wie etwa an der Zeitschrift *Les Révoltes logiques*[3] von 1975 bis 1981) und letztlich zwei wichtige historiographische bzw. historiographie-theoretische Werke veröffentlicht hat: *La nuit des prolétaires* 1981 (dt. *Die Nacht der Proletarier*, 2013) und *Les noms de l'histoire* 1992 (dt. *Die Namen der Geschichte*, 1994).

Die folgenden Ausführungen haben zum Ziel, die bisher wenig beachtete Bedeutung Rancières für die Geschichtswissenschaft anhand der Frage der historischen Subjektivität herauszuarbeiten. Im Zentrum der Ausführungen steht dabei der „dreifache Vertrag"[4] der

1 Jacques Rancière: *Die Namen der Geschichte. Versuch einer Poetik des Wissens.* Frankfurt am Main: Fischer 1994, S. 7.

2 Ich greife zwei Darstellungen heraus, welche sich unter anderem mit Rancières Verhältnis zur Geschichtswissenschaft beschäftigen: Jean-Philippe Deranty (Hrsg.): *Jacques Rancière: Key Concepts.* Durham: Acumen 2010; Gabriel Rockhill / Philip Watts (Hrsg.): *Jacques Rancière: History, Politics, Aesthetics.* Durham: Duke University Press 2009.

3 Vgl. hierzu die Darstellung von Mischa Suter: Ein Stachel in der Seite der Sozialgeschichte: Jacques Rancière und die Zeitschrift *Les Révoltes logiques.* In: *Sozial.Geschichte Online* 5 (2011), S. 8–37.

4 Rancière: *Die Namen der Geschichte,* S. 18–19.

Historie, welcher die Bereiche der Wissenschaft, der Literatur und der Politik aneinander bindet. In weiterer Folge soll dann der Frage nachgegangen werden, wie dieser dreifache Vertrag der Historie mit einer emanzipatorischen, demokratischen oder gar revolutionären Dimension der Geschichtswissenschaft zusammenhängt. Historische Subjektivität, so die These, ist nicht einfach ‚vorhanden' und lediglich zur historiographischen Darstellung zu bringen, sondern kann im Ausgang von Rancière nur aus dem komplexen Zwischenspiel dieser drei Vertragspartner verstanden werden, welches sich in der historiographischen Darstellung selbst manifestiert.

1. Die Ordnung des historischen Wissens

Für Rancières geschichtstheoretische Überlegungen ist der Gedanke leitend, dass jegliche Wahrnehmung und Erkenntnis auf sinnstiftende Ordnungen angewiesen ist. Solche epistemologischen Ordnungen bilden einen spezifischen Bedeutungshorizont, welcher den jeweiligen historischen Gegenstand überhaupt erst erscheinen lässt und ihn *als* diesen Gegenstand erscheinen lässt bzw. die Weisen dieses Erscheinens reguliert. Vor diesem Hintergrund ist somit zu folgern, dass diese Ordnungsstrukturen bestimmten historischen Gegenständen ein bedeutungshaftes Erscheinen erlauben, jedoch auch anderen Gegenständen, welche nicht in sinnhafter Verbindung mit dieser Ordnungsstruktur stehen, ein bedeutungshaftes Erscheinen versagen. Daran ist zunächst nichts verdächtig, da dies die Standardsituation einer jeden hermeneutisch verfahrenden Wissenschaft darstellt. Vor dem Hintergrund einer konkreten Forschungsfrage erscheinen spezifische Dokumente und Schriftstücke, Subjekte und Regionen und deren vielfache Interdependenzen relevant, wiederum andere fallen aus dieser Forschungsfrage heraus. Es ist dennoch darauf hinzuweisen, dass keine dieser Ordnungen sakrosankt und apodiktisch ist, keine historischen Subjekte und Objekte in ihrem Status ‚gottgegeben' sind, weil sich diese epistemologischen Ordnungen je nach Situation, Zeit und Kontext verschieben und verändern können.

Ein jeder Gegenstand erscheint also immer nur *vor* dem Hintergrund einer spezifischen Ordnung, welche dementsprechende Konfigurationen historischen Wissens bedingt, zugleich jedoch auch spezifische Ausschlussmechanismen impliziert. So sind beispielsweise das Denkbare innerhalb der Philosophie, das Darstellbare der Kunst, das Beschreibbare der Geschichte, die Möglichkeiten der Politik schon *a priori* durch einen Rahmen beschränkt, welcher allen diesen Möglichkeiten vorausliegt, gerade aber deshalb zu einer beständigen kritischen Prüfung nötigt. Rancière bezeichnet dies als „ursprüngliche Ästhetik“[5] (von altgriech. αισθησις, der „Wahrnehmung“) oder auch als „ästhetisches Regime“[6], also ein Wahrnehmungsfeld, in welchem nur bestimmte Schritte möglich und bestimmte historische Gegenstände erkennbar sind. Es bezeichnet somit in Rancières Worten einen „Rahmen der Sichtbarkeit und Intelligibillität, der Dinge oder Praktiken unter einer Bedeutung vereint.“[7]

Solche ästhetischen Regimes sind vielfältig und an den verschiedensten theoretischen wie praktischen Orten zu finden. Sie ermöglichen und verhindern *zugleich* die Erscheinung von bestimmten historischen Gegenständen und Subjekten. Rancières zuweilen rein historiographische Tätigkeit, wie beispielsweise in *La nuit des prolétaires* oder seiner Arbeit in den *Révoltes logiques*, schildert die Motivation, die jeweiligen ästhetischen Regimes in der traditionellen Historiographie zu durchbrechen und gerade jenen historischen Objekten und Subjekten zu einer Stimme zu verhelfen, die in dem gängigen Diskurs entweder gar nicht vorkommen oder deren Stimmen nur indirekt mittels der Interpretation anderer sichtbar werden können. Was Michel Foucault in *Die Ordnung der Dinge* noch als „historische[s] Apriori“[8] bezeichnet hatte, wird bei Rancière somit um eine spezifische Art der historiographie-politischen Intervention erweitert. Es gilt Rancière zufolge, die Arbeiterklasse nicht nur unter dem gängigen (die Arbeiterklasse subordinierenden) Ordnungsraster zu beschreiben – und damit indirekt diesen Ordnungsraster zu bestätigen –, sondern durch konkrete und fundamental ansetzende historiographische Heterodoxalitäten den Ordnungsraster selbst in Frage zu stellen und zu verschieben. Diese „ästhetische Revolution“[9], wie sie Rancière an anderer Stelle bezeichnet, irritiert den Rahmen soweit, bis diese ungehörten Stimmen zur

5 Jacques Rancière: *Die Aufteilung des Sinnlichen. Die Politik der Kunst und ihre Paradoxien.* Berlin: b-books 2006, S. 27.

6 Ebd.; vgl. überdies Ruth Sonderegger: Ästhetische Regime. http://www.igbildendekunst.at/bildpunkt/2010/regimestoerungen/sonderegger.htm (Zugriff am 01.12.2013).

7 Rancière: *Die Aufteilung des Sinnlichen*, S. 71.

8 Michel Foucault: *Die Ordnung der Dinge.* Frankfurt am Main: Suhrkamp 1978, S. 27.

9 Jacques Rancière: *Der Philosoph und seine Armen.* Wien: Passagen 2010, S. 296.

Sprache kommen und somit die Bühne der (historischen) Sichtbarkeit betreten können.

Für Rancière ist somit jegliche Form der Historiographie notwendig mit einer spezifischen Form der Politik verbunden. Entweder sie schreibt eine bestehende Ordnung, eine konkrete „Aufteilung des Sinnlichen"[10] fort, oder sie stellt dieser Ordnung eine andere Ordnung entgegen, welche zu einer Restrukturierung des historischen Wissens nötigt. Wie Rancière in *La Mésentente* (dt. *Das Unvernehmen*[11]) argumentiert, ist gerade letzteres – also der Ort des Dissenses zwischen den epistemologischen Ordnungen – der Ort der Politik(en) der Historiographie, weil es zu einer Neuverteilung der Stimmen, der Sichtbarkeiten, der historisch-politischen Mächte etc. Anstoß gibt. Unter diesem Gesichtspunkt bestünde die spezifische *Politik der Historiographie* gerade darin, einen Dissens mit den Ordnungsregimen der gängigen Historiographie zu erzeugen, um somit einen kalkulierten Exzess der historischen Subjekte und Gegenstände zu ermöglichen – sozusagen eine literarische Revolution auf Ebene des historiographischen Textes selbst.

2. Der dreifache Vertrag der Historiographie

Die Geschichtsschreibung unterhält nach Rancière in ihrem inneren Kern einen „dreifachen Vertrag"[12], welcher einen wissenschaftlichen, einen narrativen und einen politischen Vertrag zusammenschließt. Der *wissenschaftliche Vertrag* kommt zustande, indem die Historiographie den Anspruch der Wissenschaftlichkeit erhebt. Sie will nicht nur eine fiktive Erzählung sein, sondern sie will der unter den Dokumentenbergen verborgenen Wahrheit auf die Spur kommen und ihre Struktur sichtbar werden lassen. Dies versucht sie anhand ihres mittlerweile breiten Methodenkatalogs, welcher ihr den Status der Wissenschaftlichkeit zusichert: exakte Berechnung, Demographie, Statistik etc. Einen *narrativen Vertrag* unterhält sie insofern, als sie diese durch ihre Arbeit entborgenen Strukturen sichtbar machen will. Sie muss von ihren Entdeckungen erzählen und diese dem noch Unkundigen deutlich machen. Dabei hat diese Erzählung, wie jede andere auch, notwendig einen Anfang und ein Ende, Subjekte und Ereignisse,

10 Rancière: *Die Aufteilung des Sinnlichen*, S. 25.

11 Jacques Rancière: *Das Unvernehmen. Politik und Philosophie.* Frankfurt am Main: Suhrkamp 2002, S. 14–54.

12 Rancière: *Die Namen der Geschichte,* S. 18–19.

welche in einer spezifischen Form der Narration in Verbindung gesetzt und so vermittelt werden. Letztlich unterhält die Historiographie einen *politischen Vertrag*, welcher durch die narrative Vermittlung der wissenschaftlichen Erkenntnisse zustande kommt. Sie erzählt bestimmte Ereignisse, sie erzählt von bestimmten Subjekten und verbindet die ihr vorliegenden historischen Informationen in einer bestimmten Weise. Sie bereitet sie auf, vermittelt sie einem/r LeserIn anhand eines unsichtbaren Rasters dessen, was für sie von Wichtigkeit ist und was sie der zeitgenössischen Welt berichten will. Politisch ist insofern also die (zumeist ihr selbst nicht einmal bewusste) Entscheidung darüber, was von Bedeutung ist und was nicht, in welcher Art und Weise etwas erzählt wird, während etwas anderes keine Erwähnung findet. Dieser letzte Vertrag birgt in der Tat die gesamte Komplexität und Widersprüchlichkeit des dreifachen Vertrags in sich, da er die Art und Weise bezeichnet, wie die gegenwärtige Welt auf die Geschichte Bezug nimmt und welche Fragen sie an diese stellt.

In diesen dreifachen Vertrag verwickelt sich die Historiographie ohne ihre explizite Zustimmung, weil sie nicht *überdies*, sondern *notwendig* narrativ ist.[13] Sie muss erzählen und ihre Ergebnisse in eine sinnvolle und konsistente Struktur bringen, wenn sie vermeiden will, dass ein überwältigender Berg an historischer Information stumm vor ihr liegen bleibt oder gar in die zusammenhangslose Pluralität atomisierter historischer Informationsstücke zerfällt. Der Gegenstand, von welchem die Historiographie handelt, muss zum Sprechen gebracht werden, und genau in diesem Moment drängt sich die narrative Dimension der Historiographie auf. Das historiographische Dilemma, welches mit dieser notwendigen Narrativität einbricht, ist somit in den Worten Rancières nicht die Frage des „*entweder* Erzählung *oder* Wissenschaft“, sondern das unumgängliche Faktum des „*sowohl* Wissenschaft *als auch* Erzählung“.[14] Was die historiographie-theoretische Debatte rund um den *linguistic turn*[15] in der Geschichtswissenschaft,

13 An dieser Stelle ist die Verbindung zu Hayden White mehr als deutlich. Die englische Ausgabe wird, nebenbei bemerkt, mit einem Vorwort von Hayden White eröffnet. Hayden White: Foreword: Rancières Revisionism. In: Jacques Rancière: *The Names of History. On the Poetics of Knowledge*. Minneapolis / London: University of Minnesota Press, S. vii–xix.

14 Rancière: *Die Namen der Geschichte*, S. 15.

15 Die ergiebigste Information über diese Debatte liefert der Sammelband von Christoph Conrad / Martina Kessel (Hrsg.): *Geschichte schreiben in der Postmoderne. Beiträge zur aktuellen Diskussion*. Stuttgart: Reclam 1994; darüber hinaus das in seiner

angestoßen durch die Arbeiten von Hayden White[16], verarbeiten musste, war der Umstand, dass sie an ihrer narrativen Dimension nicht vorbeikommt, selbst wenn sie sich auf objektiv-wissenschaftliche Methoden stützt. So wissenschaftlich, abstrakt und objektiv ihre Methoden auch immer sein mögen, sie muss letztlich die mittels bestimmter Ordnungsraster erzielten Ergebnisse ordnen, strukturieren, aufbereiten und vermitteln. Rancière zufolge stellt sich die Frage der literarischen Dimension der Geschichtswissenschaft im Ausgang vom *linguistic turn* somit unter wesentlich anderen Vorzeichen: „Die Frage ist allerdings nicht, ob der Historiker Literatur machen soll oder nicht, sondern welche er macht."[17] Jede Erzählform setzt gewisse Subjekte, Gegenstände, Momente etc. ein, lässt jedoch auch manch andere zurücktreten oder gar ganz verschwinden. Ob sie dies absichtlich tut oder nicht, ist dabei von zweitrangiger Bedeutung. Fest steht lediglich, dass diese selektive Narrativität keine Nachlässigkeit oder Ausflucht, sondern eine *Notwendigkeit* der Historiographie darstellt, anhand welcher sich die drei Verträge zu einem dreifachen Vertrag der Historie zusammenschließen.

3. Die hermeneutische Unterdrückung

Der Großteil der klassisch verfahrenden Historiographie führte Rancières Ausführungen zufolge in eine folgenreiche „hermeneutische Unterdrückung"[18] der breiten Masse bzw. der darin enthaltenen konkreten Subjekte. Diese hermeneutische Unterdrückung kommt vor allem durch zwei Momente zustande:

Zum einen orientierte sich die traditionelle Geschichtswissenschaft hauptsächlich an Dokumenten und diplomatischen Beziehungen der regierenden Schicht (zum Großteil aus pragmatischer Sicht aufgrund

Kürze und Prägnanz bestechende Buch von Hans-Jürgen Goertz: *Unsichere Geschichte.* Stuttgart: Reclam 2001.

16 Die drei wichtigsten Werke sind, geordnet nach ihrem Erscheinen im Original: Hayden White: *Metahistory. Die historische Einbildungskraft im 19. Jahrhundert in Europa.* Frankfurt am Main: Fischer 1991; ders.: *Die Bedeutung der Form. Erzählstrukturen in der Geschichtsschreibung.* Frankfurt am Main: Fischer 1990; ders.: *Auch Klio dichtet oder die Fiktion des Faktischen. Studien zur Tropologie des historischen Diskurses.* Stuttgart: Klett-Cotta 1991.

17 Rancière: *Die Namen der Geschichte*, S. 147.

18 Ich entlehne diesen sehr passenden Ausdruck den Ausführungen von Philip Watts, der von einer „hermeneutic oppression" spricht: Philip Watts: Heretical History and the Poetics of Knowledge. In: Deranty (Hrsg.): *Jacques Rancière: Key Concepts*, S. 104–115, hier S. 107.

der Dokumentenlage). Was für sie zählt, sind die Leben und Wirkungskreise von königlichen Familien, deren Beziehungen zueinander und deren historisch-politische Auswirkungen. Insofern sie sich an diesen Dokumenten ausrichtet, schreibt sie, ohne dies explizit anzustreben, eine Geschichte der Unterdrückung fort, welche nur einer bestimmten Klasse von historischen Subjekten zu einer bewussten Stimme verhilft. Die im Dünkel der Dokumente versinkende große Masse an Menschen tritt dabei vor den königlichen Leben ihrer RegentInnen zurück und findet nur indirekte, ‚stumme' Erwähnung. Wenn die Masse nämlich als Masse Erwähnung findet, dann nur in dem Maße, als sie sich als regiert bzw. ihren Worten enteignet wiederfindet. Sie spricht nicht, ihre einzelnen Mitglieder sprechen nicht, sondern sie werden als Beiwerk der königlichen Regentschaft in Form eines stummen Kollektivsubjekts *be*sprochen.

Zum anderen entsteht diese hermeneutische Unterdrückung durch die Wissenschaftlichkeit der Geschichtswissenschaft als solcher. Was als Fortschritt der Geisteswissenschaften[19] und somit zugleich als Wissenschaftlichkeit der Geschichtswissenschaft gefeiert wurde – d. i. die exakten Darstellungen durch Demographie, Statistik etc. –, besiegelte Rancière zufolge auch zugleich deren Fluch. Die große Masse findet vielleicht Erwähnung, dankt jedoch unter großflächigen Strukturen und Statistiken ab und erfährt dadurch wiederum nicht den Status eines sprechenden historischen Subjekts. Obgleich Rancière die *Annales*-Schule für ihren Versuch, sich nicht an der königlich-diplomatischen Geschichtsschreibung zu orientieren, lobt, so besiegelt seiner Einschätzung zufolge die Art und Weise ihrer Besprechung jedoch eine endgültige Verstummung der Massen. Sie finden unter dem Anschein der historischen Sichtbarkeit Erwähnung, jedoch nur, um aufgrund ihrer Stummheit im hellsten Licht der historiographischen Aufmerksamkeit umso nachhaltiger von der historischen Bühne gedrängt zu werden.

In *La nuit des prolétaires*, Rancières erste historiographische Studie, widmet er sich einigen Proletariern und ihren Arbeitsbedingungen zu Beginn des 19. Jahrhunderts: Schmiede, Schneider, Schuster, Schriftsetzer etc. In seinen Archivrecherchen, die eigentlich deren konkrete Arbeitsbedingungen zur Darstellung bringen sollten, stieß Rancière

19 Vgl. Paul Veyne: *Geschichtsschreibung. Und was sie nicht ist.* Frankfurt am Main: Suhrkamp 1990, S. 149–213.

auf den Umstand, dass diese Arbeiter keineswegs nur das waren, was man von ihrem Namen erwartete. Vielmehr entdeckte er „Nächte des Studiums und des Rausches. Arbeitsreiche Tage, die verlängert wurden, um die Rede eines Apostels oder den Unterricht der Volksunterweiser zu hören, um zu lernen, zu träumen, zu diskutieren und zu schreiben.“[20] Er entdeckte somit Arbeiter, die jenseits ihres regulären Arbeitstages in ihren Nächten schrieben, philosophierten, träumten etc. und sich auf diese Weise den Zwängen ihres Namens widersetzten. Im Ausgang dieser Entdeckungen bemüht sich Rancière die flächendeckende Bezeichnung des „Arbeiterproletariats“ mittels seiner Darstellung ihrer jeweils einzigartigen Lebenswelten aufzubrechen und durch seine Darstellung „Gegenmythen“ zu entwerfen, die zu einer erneuten Verhandlung der als sicher geglaubten Plätze und Ordnungsraster nötigen; es gilt in Rancières eigenen Worten also, „die Ordnung der Dinge umzustürzen, die Individuen, Klassen und Diskursen ihren Platz zuweist.“[21] *La nuit des prolétaires* stellt über die rein historiographische Darstellung die Frage, welche Konsequenzen es für die Aufteilung der sinnhaften Bereiche hat, „wenn die, welche nicht die Zeit *haben*, etwas anderes als ihre Arbeit zu machen, sich die Zeit nehmen, die sie nicht haben, um zu beweisen, dass sie sehr wohl sprechende Wesen sind, dass sie an der gemeinsamen Welt teilhaben“[22].

In *Les noms de l'histoire* betritt Rancière abermals die konkrete „Werkstatt des Historikers“[23] und versucht am Beispiel verschiedener historiographischer Darstellungen der *Französischen Revolution* deutlich zu machen, dass jede historiographische Narration spezifische politische Dimensionen impliziert. Am Beispiel dieser verschiedenen Darstellungen – von Jules Michelet bis François Furet – macht Rancière anschaulich, inwiefern die narrative Figur selbst – ausschließlich mittels Wahl bestimmter narrativer Tempora und Personen – historische Subjektivität im Sinne einer sprechenden und bewussten Agitation einsetzt oder gerade umgekehrt verhindert. Während Michelet romantisierend einen bebenden Volkskörper einsetzt, welcher sich selbst bewusst der Revolution entgegenfiebert, spricht Furet dem

20 Jacques Rancière: *Die Nacht der Proletarier. Archive des Arbeitertraums.* Wien: Turia + Kant 2013, S. 8.

21 Ebd., S. 17.

22 Jacques Rancière: *Politik der Literatur.* Wien: Passagen 2011, S. 14.

23 Rancière: *Die Namen der Geschichte*, S. 19.

Volk eine Rolle zu, in welcher dieses, des Ereignisses der Revolution nicht bewusst, etwas zustande bringt, über dessen Auswirkungen es keine weitere Kenntnis besitzt. Die bloße Figuration der historiographischen Narration setzt im ersten Fall die emphatische Subjektivität des revolutionären Volkes ein, während sie in der zweiten Darstellung gerade die Enteignung des Volkes als einer sich selbst bewussten, handelnden historischen Subjektivität bedingt.

Philip Watts hat diese theoretische Stoßrichtung von Rancières historiographischen Unterfangen prägnant zusammengefasst, wenn er schreibt, Rancière „denounces a form of hermeneutic oppression, in which the thought, words and actions of others, in particular the working poor, are turned into forms of non-thought, misconceptions and eventually silence."[24] Die erwähnte hermeneutische Unterdrückung besteht also in beiden Fällen darin, dass eine bestimmte Ordnungsstruktur die Gedanken, Worte und Taten einer bestimmten Gruppe von historischen Subjekten in Formen des unbedeutenden Rauschens und Gemurmels der Geschichte verwandelt – oder gar viel grundlegender: diese Subjekte gar nicht erst auf der Bühne der historischen Sichtbarkeit erscheinen lässt. Rancière macht sich jedoch gerade zur Aufgabe, mittels einer fundamental ansetzenden Heterodoxalität einen Bruch mit diesen ästhetischen Regimen zu provozieren und infolgedessen eine *Politik der Historiographie* oder gar mehrere *Politiken der Historiographie* in Gang zu setzen, welche gerade die Plätze historischer Subjektivität neu zu verhandeln nötigt bzw. nötigen.

4. Die Revolution der poetischen Strukturen des Wissens

Für Rancière besteht das theoretische Ereignis der *Annales*-Schule in der Entscheidung, eine Geschichte zu schreiben, welche sich nicht mehr an der königlichen Hierarchie anlehnt. Emblematisch ist für ihn die Figur Fernand Braudels, welcher an entscheidender Stelle seines historiographischen Werks *La Méditerranée et le monde méditeranéen à l'epoque de Philippe II.* (dt. *Das Mittelmeer und die mediterrane Welt in der Epoche Philipps II.*[25]) ein wesentliches Ereignis auslässt, welches in jeder klassisch verfahrenden historiographischen Darstellung niemals hätte fehlen können, nämlich den Tod König Philipps II. selbst. Rancière schreibt: „Das theoretische Ereignis, mit dem das Buch schließt,

24 Watts: Heretical History, S. 107.

25 Fernand Braudel: *Das Mittelmeer und die mediterrane Welt in der Epoche Philipps II.* Frankfurt am Main: Suhrkamp 1990.

lautet, daß der Tod des Königs kein Ereignis mehr ist. Der Tod des Königs bedeutet, daß die Könige als zentrale Gestalten und Mächte der Geschichte tot sind."[26] Diese Form der Darstellung stürzt sozusagen den König in seiner epistemologischen bzw. historischen Bedeutung und schreibt damit seinen „Papiertod"[27].

Für Rancière ist Braudels Entscheidung von weitreichender Bedeutung, weil im Moment des königlichen Papiertods die gesamte epistemologische Hierarchie und der gesamte „monarcho-empiristische"[28] Begründungszusammenhang in seiner Struktur aufgebrochen wird. Der herkömmliche sinnstiftende Bedeutungsrahmen wird irritiert und die tradierten (königlichen) Orientierungspunkte der Sinnstiftung verlieren an Relevanz. Vor diesem Hintergrund wäre es gerechtfertigt zu behaupten, dass Rancière in seiner Interpretation den marxistischen Revolutionsdiskurs auf den epistemologischen Begründungszusammenhang der Historiographie selbst appliziert. Dabei handelt es sich weniger um ein Einklagen revolutionärer Diskurse in die bestehende Form der Historiographie, sondern vielmehr um eine revolutionäre Umwertung der epistemologischen Hierarchien selbst, welche nun *als* epistemologische Hierarchien zur Disposition gestellt werden.

Anstatt also lediglich *über* revolutionäre Bewegungen zu schreiben und diesen die vermehrte Aufmerksamkeit des historischen Blicks zukommen zu lassen, erhält in Rancières Argumentation die Geschichtsschreibung selbst revolutionären Charakter. Vor diesem Hintergrund handelt es sich somit nicht um poetische Darstellungen der Revolution, sondern um eine „Revolution der poetischen Strukturen des Wissens"[29]. Es gilt nicht mehr *über* die Revolution zu schreiben, sondern *Revolution zu schreiben*, d.i. eine Art der Darstellung zu entwickeln, welche in sich selbst schon revolutionären Charakter besitzt. Es handelt sich somit weniger um einen Streit um Dokumente, sondern vielmehr um „Kriege der Schrift"[30], in welchen historische Subjekte ihre Stimmen einklagen und damit als sich selbst bewusste Stimmen der Geschichte gezählt werden wollen.

Werden also die sinnstiftenden Strukturen der Genese des historischen Wissens selbst verändert, so erscheint in diesem Moment alles

26 Rancière: *Die Namen der Geschichte,* S. 22.

27 Ebd., S. 36.

28 Vgl. ebd., S. 37.

29 Ebd., S. 42.

30 Ebd., S. 131.

unter neuem, noch unbekanntem Licht. Subjekte und Gegenstände, Ereignisse und Orte, die zuvor keine Bedeutung hatten, können nun unter einer neuen Struktur zu ihrem Recht kommen, sofern diese neuen Ordnungen ein solches sinnhaftes Erscheinen begünstigen. Aber auch bereits Erschienenes kann unter neuen Koordinaten zu einer bisher nicht erdachten Bedeutung kommen, weil ihm im differentiellen Gefüge der Sinnstiftung ein neuer Platz zugewiesen wird, welcher in der alten Ordnung nicht vorgesehen war.

Für Rancière ist gerade dies der Ort der Politik, insofern er unter „Politik" nicht die rechtmäßigen Praktiken der Macht versteht, sondern vielmehr die fundamentale Ausverhandlung der Verteilung der Macht selbst.[31] Rancière schreibt diesen radikaler ansetzenden Begriff der Politik betreffend an anderer Stelle, dass er gerade diesen Moment der „Verteilung und Neuverteilung der Räume und Zeiten, der Plätze und Identitäten, der Sprache und des Lärms, des Sichtbaren und des Unsichtbaren"[32] bezeichne. Es handele sich um „die demokratische Unordnung des aus der Leere und der abgeschafften Legitimität des Königs entstandenen Wortes"[33], welches nun, unter dem Verlust der epistemologischen Hierarchie neu und auf unbekannte Art und Weise zu sprechen beginnt. Dieser Begriff der Politik bezeichnet somit die fragile Bruchstelle zwischen den Ordnungen, die Schwelle des Übergangs selbst, an welcher unter dem Verlust der sinnstiftenden Struktur jedes historische Subjekt und jeder historische Gegenstand dem anderen hinsichtlich seiner Wertigkeit gleicht.[34]

5. Historische Subjektivität im Ausgang von Jacques Rancière

Rancières geschichtstheoretische Überlegungen machen deutlich, dass historische Subjekte keineswegs einfach vorhanden und die Bestandteile ihrer Geschichte lediglich aufgesammelt und erzählt werden müssten. Seine Arbeiten sensibilisieren vielmehr dafür, die Bedingungen der Möglichkeit des Erscheinens dieser Subjekte in Rechnung zu stellen und darüber hinaus kritisch die Frage aufzuwerfen, welche Subjekte durch welche Darstellung eine Stimme erhalten und welchen Subjekten gerade durch eine bestimmte Darstellung die Stimme versagt wird. Wenn es denn wahr ist, was Rancière über die

31 Vgl. Rancière: *Politik der Literatur*, S. 13.

32 Ebd., S. 14.

33 Rancière: *Die Namen der Geschichte*, S. 133.

34 Vgl. auch Veyne: *Geschichtsschreibung*, S. 39.

Geschichte im Allgemeinen sagt – nämlich dass Geschichte ein Reihe von Ereignissen sei, welche bestimmten Subjekten zustoßen[35] –, dann rückt dies zugleich eine zentrale Frage für eine jede Geschichtsschreibung ins Zentrum der historiographischen Aufmerksamkeit: Wer oder was ist ein historisches Subjekt? Wer oder was bestimmt darüber? Werden Subjekte durch die Geschichte konstituiert, oder vielmehr die Geschichte durch ihre Subjekte?

Der „dreifache Vertrag“, wie er von Rancière entworfen wird, gibt eine mögliche Antwort auf diese Frage. Indem Geschichtsschreibung notwendig einen wissenschaftlichen, narrativen und politischen Vertrag beinhaltet und diese drei Verträge innerhalb der konkreten historiographischen Darstellung aneinander bindet, konstituiert sich historische Subjektivität in deren Zwischenspiel. Gerade der letzte der Verträge, der politische Vertrag, bündelt insofern die Aktualität der Geschichtsschreibung in ihrer ganzen Problematik, als die Geschichtsschreibung nicht nur historische Subjekte narrativ zur Darstellung bringt, sondern zugleich auch die Frage stellt, welche historischen Subjekte narrativ zur Darstellung gebracht werden sollen. Die Frage historischer Subjektivität ergibt sich somit nicht nur aus der Historie selbst – dies wäre ein naiver historischer Objektivismus –, sondern zugleich (aber nicht ausschließlich!) aus der Brisanz aktueller politischer Fragen.

Die Stärke von Rancières Konzeption besteht darin, dass er gerade diese Spannung innerhalb des dreifachen Vertrags nicht auflöst. Geschichtsschreibung wird vor diesem Hintergrund keine bloß antiquarische Tätigkeit[36], welche nur für verschrobene Spezialinteressen von Belang ist; sie wird aber auch umgekehrt kein Spielball willkürlicher aktueller Fragen, über dessen Relevanz die politischen Bedingungen der jeweiligen Zeit befinden. Sie ist gerade das komplexe, teils auch widersprüchliche, jedenfalls niemals vorhersehbare und durch keine übergeordnete Theorie zu fixierende Zwischenspiel einer „intellektuellen Tätigkeit“[37], welche als solche die Geschichtsschreibung selbst ist. Und gerade deswegen versagt sie sich der starren Methodologie einer Wissenschaft, entzieht sich jedoch zugleich auch

35 Rancière: *Die Namen der Geschichte*, S. 7.

36 Friedrich Nietzsche: Vom Nutzen und Nachtheil der Historie für das Leben. In: Ders.: *Kritische Studienausgabe in 15 Einzelbänden*, Bd. 1, hrsg. v. Giorgio Colli / Mazzino Montinari. Berlin / New York: de Gruyter 1988, S. 243–334, hier bes. S. 268.

37 Veyne: *Geschichtsschreibung*, S. 58.

jeglicher ahistorischen, transzendentalen Theorie. Erstere wäre blind für politische Fragen der Gegenwart, letztere käme kaum in Kontakt mit der historischen Materie und ließe sich insofern von dieser auch nur schwer in Frage stellen.

Für die Frage der historischen Subjektivität bedeutet dies, dass es keine historische Determinante gibt bzw. geben kann, welche historische Subjekte in ihrer Legitimität ein für allemal festsetzt. Es bedeutet jedoch auch zugleich, dass historische Subjekte nicht frei von der historischen Materie der Spielball überschwänglicher theoretischer Konstrukte sind. Es gibt, wie Paul Veyne betont, ein objektives historisches „Ereignis-Feld“[38] – die Frage ist lediglich, welche (stets subjektive) Route wir mittels welcher historischen Narration durch dieses Ereignisfeld wählen und welche historischen Subjekte uns auf diesem Weg begegnen. Welche Subjekte werden ihr Recht auf eine Stimme einklagen und welche Stimmen werden wir bereit sein zu hören?

38 Ebd., S. 39.

„Das Subjekt ist tot, es lebe das Subjekt.“ Zur Genese der Subjekttheorie Alain Badious

Andreas Lotz

Einleitung

‚Subjekt‘ ist ein Begriff, der je nach Disziplin verschieden definiert und verwendet wird; der mehrmals umgedeutet sowie umgewertet[1] und in der zweiten Hälfte des 20. Jahrhunderts sogar für tot erklärt wurde. Die Rede vom ‚Tod bzw. Verschwinden des Subjekts‘ bezeichnet die Kritik an der Auslegung des Menschen als Subjekt[2] und zeigt zugleich an, dass die dazugehörige Grundannahme der Autonomie sowie selbstreflexiven Transparenz des Subjekts, die René Descartes postulierte, in eine Krise geraten ist.[3] Die Kritik schlechthin an dieser Subjekttheorie stammt von Friedrich Nietzsche. Wenn er den tollen Menschen, der Gott am hellen Vormittag mit einer Laterne sucht, hinausschreien lässt: „Gott ist todt! Gott bleibt todt! Und wir haben ihn getödtet!“[4], dann verkündet er zugleich implizit, dass der Mensch als Subjekt tot ist.[5]

Nietzsches Denken wurde insbesondere in Frankreich produktiv aufgenommen.[6] Es war nicht zuletzt Michel Foucault, der – an Nietzsche

1 Vgl. Brigitte Kible / Jürgen Stolzenberg / Tobias Trappe / Uwe Dreisholtkamp: Subjekt. In: *Historisches Wörterbuch der Philosophie*, Bd. 10, hrsg. v. Joachim Ritter / Karlfried Gründer. Basel: Schwabe & Co 1998, S. 373–400.

2 Vgl. Helmuth Vetter: Welches Subjekt stirbt? Zur Vorgeschichte der Kritik an der These: Der Mensch ist Subjekt. In: Herta Nagl-Docekal / Helmuth Vetter (Hrsg.): *Tod des Subjekts?* Wien / München: Oldenbourg 1991, S. 22–42; Peter Bürger: *Das Verschwinden des Subjekts. Eine Geschichte der Subjektivität von Montaigne bis Barthes*. Frankfurt am Main: Suhrkamp 1998.

3 Carl Schmitt hatte ein feines Gespür für diesen Zusammenhang: „Ich höre: Kritik und kritisch und weiß und höre: Krise, Krise“ (Carl Schmitt: *Glossarium. Aufzeichnungen der Jahre 1947–1951*. Berlin: Duncker & Humblot 1991, S. 17).

4 Friedrich Nietzsche: Die fröhliche Wissenschaft. In: Ders.: *Sämtliche Werke. Kritische Studienausgabe in 15 Einzelbänden*, hrsg. v. Giorgio Colli / Mazzino Montinari. 2., durchges. Aufl. München: dtv 1988, Bd. 3, S. 481. Im Folgenden zitiert als *KSA* samt entsprechender Bandnummer.

5 Vgl. Vetter: *Welches Subjekt stirbt?*, S. 23.

6 Vgl. dazu Norbert Bolz: Tod des Subjekts. Die neuere französische Philosophie im Zeichen Nietzsches. In: *Zeitschrift für philosophische Forschung* 36,3 (1982), S. 444–452; Jacques Le Rider: *Nietzsche in Frankreich*. München: Fink 1997; Clemens

primär methodisch anknüpfend[7] – dessen Subjektkritik weitertrieb. Diese Subjektkritiken stellen die entscheidenden Koordinaten desjenigen theoretischen Rahmens dar, *in dem* und *gegen den* Alain Badiou seine Subjekttheorie entwickelt. Ferner sollten die sogenannten ‚Nouveaux Philosophes‘ erwähnt werden, welche – sich auf Nietzsche berufend – nicht zuletzt gegen den Marxismus anschrieben[8] und in den 1970er Jahren in Frankreich viel mediale Aufmerksamkeit erhielten. Zudem gewann die postmoderne Philosophie an intellektueller Dominanz und trug nicht unerheblich zur Entradikalisierung[9] des französischen politiktheoretischen Diskurses bei. Kurzum: Die Epoche zu Beginn der 1980er Jahre, in der die letzten Nachklänge der Losungen von 1968 verstummt sind und in der Badiou seine Subjekttheorie formuliert,[10] ist gekennzeichnet durch die Kritik der Begriffe Subjekt und Wahrheit sowie durch die Krise des Marxismus.
Im Folgenden sollen zunächst die Grundzüge der neuzeitlichen Subjektivität nachgezeichnet werden. Anschließend wird Nietzsches Kritik am Subjektbegriff erläutert, die für den im letzten Jahrhundert proklamierten ‚Tod des Subjekts‘ wegweisend war. Abschließend wird die Genese der Subjekttheorie Badious dargestellt. Meine These lautet dabei, dass Badious grundlegende Geste keineswegs eine ‚platonische‘ ist,[11] sondern wesentlich eine ‚cartesische‘. Denn er ist bestrebt, die drei Kernbegriffe – Sein, Subjekt und Wahrheit –, die seit Descartes an die Bedingungen der Philosophie geknüpft sind, wieder brauchbar zu machen, indem er die Kritik an ihnen berücksichtigt. Sowohl Descartes’ als auch Badious – ebenso wie Nietzsches – philosophische Interventionen sind wesentlich Krisenphänomene. Während Descartes auf die Krise des aristotelisch-scholastischen Weltbildes mit der Ausarbeitung des im Denken autonom

Pornschlegel / Martin Stingelin (Hrsg.): *Nietzsche und Frankreich.* Berlin / New York: de Gruyter 2009.

7 Vgl. exemplarisch Michel Foucault: Die Rückkehr der Moral. In: Ders.: *Schriften in vier Bänden / Dits et Escrits*, Bd. IV, hrsg. v. Daniel Defert / François Ewald. Frankfurt am Main: Suhrkamp 2005, S. 859–873, insb. S. 868–869.

8 Siehe etwa André Glucksmann: *Köchin und Menschenfresser. Über die Beziehung zwischen Staat, Marxismus und Konzentrationslager.* Berlin: Wagenbach 1976; Bernard-Henri Lévy: *Die Barbarei mit menschlichem Gesicht.* Reinbek: Rowohlt 1978.

9 Vgl. dazu Alex Callinicos: *The Resources of Critique.* Cambridge: Polity Press 2006, S. 4.

10 Vgl. Alain Badiou: *Ist Politik denkbar?* Berlin: Merve 2010, S. 11–12.

11 Siehe Alain Badiou: *Manifest für die Philosophie.* Wien: Turia + Kant 2001, S. 93.

und selbsttransparenten Subjekts reagierte und Nietzsche im Kampf gegen den Nihilismus im europäischen Denken den Subjektbegriff verabschiedete, antwortet Badiou auf die Krise der emanzipatorischen Politik mit der Formulierung seiner Subjekttheorie.

Die Geburt des neuzeitlichen Subjekts aus dem Geiste des radikalen Zweifels (Descartes)

Mit der Renaissance setzt die Umwälzung des mittelalterlichen Weltbildes ein, das auf der *auctoritas* von Lehrmeinungen basierte, und die jahrhundertelang bestehende Weltsicht gerät in eine Krise.[12] Descartes war ein Denker dieses Umbruchs. Er radikalisiert die antike Skepsis und formt sie zu einem methodischen Zweifel um: Weil es nicht ausgeschlossen ist, dass man sich in allem täuschen kann, gilt es, alles zu bezweifeln.[13] Die basale Frage, die ihn dabei antreibt, lautet: Wie lässt sich Sein vom Schein unterscheiden? Descartes hinterfragt die Eignung von (Autoritäts-)Meinungen, des Zeugnisses der Sinne oder der Traum-Wachzustand-Unterscheidung zur Erkenntnisfundierung und weist sie allesamt als sichere Erkenntnisgrundlage zurück. Er zeigt zudem, dass, wenn es auch einen „allmächtigen und höchst verschlagenen Betrüger"[14] geben sollte, der alles ganz anders eingerichtet hat, als es gemeinhin erscheint, und er mich, soviel er kann, täuscht, er es jedoch niemals schaffen wird, „daß ich nichts bin, solange ich denke, daß ich etwas sei".[15] Das bedeutet: weil auch ein allmächtiges und bösartiges Wesen nicht niemanden irreführen kann, muss es irgendein Ich geben, das getäuscht wird. Was bin ich aber, wenn es ungewiss ist, ob ich überhaupt einen Körper mit Sinnen habe? Was ist dasjenige, das von mir nicht getrennt werden kann? Es ist das Denken. Die Gewissheit über meine Existenz und mein Denken gehören zusammen: „*ich denke, daher bin ich*".[16] Der radikale Zweifel schlägt in die unumstößliche Gewissheit um, dass ich ein *denkendes Wesen* bin.[17] Demnach kann ich mir widerspruchsfrei vorstellen,

12 Vgl. Hannah Arendt: *Vita activa oder Vom tätigen Leben*. München: Piper 2002, S. 318–319, 329–332.

13 René Descartes: *Meditationes de prima philosophia*. Hamburg: Meiner 1992, S. 31; ders.: *Die Prinzipien der Philosophie*. Hamburg: Meiner 2005, S. 11.

14 Descartes: *Meditationes*, S. 43.

15 Ebd.; siehe auch Descartes: *Prinzipien*, S. 13, 15.

16 Descartes: *Prinzipien*, S. 14–15; ders.: *Discours de la méthode*. 2., verb. Aufl. Hamburg: Meiner 1997, S. 54.

17 Vgl. Descartes: *Meditationes*, S. 51, ähnlich ebd., S. 61; ferner ders.: *Prinzipen*, S. 17.

keinen Körper zu haben. Ich kann jedoch nicht zweifeln und zugleich in Zweifel ziehen, dass ich es bin, der da zweifelt.[18]
Mit der Setzung des denkenden Subjekts ist Descartes zwar einen entscheidenden Schritt weitergekommen, doch wie lässt sich weitere Erkenntnis sichern? Einige meiner Ideen rühren offenbar von den mir äußerlichen Dingen her, doch welchen Wahrheitsgehalt haben derartige Vorstellungen, wenn es keine wahrhaftige Instanz gibt?[19] Wie Descartes ausführt, ist Gott ein vollkommenes, d.h. ein allwissendes, autonomes, omnipotentes und unendliches Wesen.[20] Wenn er aber vollkommen ist, dann ist er kein Betrüger, weil in jeder Täuschung etwas Unvollkommenes liegt. Ich hingegen erkenne gerade im Zweifeln, dass ich ein unvollkommenes Wesen bin und dass Gott als Garant meiner Existenz sowie meiner Erkenntnis fungiert.[21] Ich bin zugleich ein in meinem Denken autonomes Subjekt *und* ein von Gott abhängiges, ihm unterworfenes Wesen.

Kritik der desengagierten Vernunft[22] (Nietzsche)

Nietzsches Botschaft vom Tode Gottes bringt zum Ausdruck, dass die bislang bestehende Interpretation des Daseins in eine Krise geraten ist und die dazugehörigen Werte sich entwertet haben.[23] Somit ist auch der Wert des Ichs als einer sich selber transparenten, autonomen Instanz des Erkennens und Handelns zu hinterfragen. So betont Nietzsche, dass der Glaube an das Ich als Substanz von der Verführung der Sprache herrührt,[24] die einem Netz gleicht, in dem sich die Philosophierenden verfangen.[25] Denn die Sprache erzeugt

18 Descartes: *Discours*, S. 53, 55; ders.: *Meditationes*, S. 69; ders.: *Prinzipien*, S. 15. „[D]ie Lösung der Probleme, die der Zweifel aufgeworfen hatte, konnte nur aus der Tätigkeit des Zweifelns kommen. Wenn alles zweifelhaft geworden ist, so bleibt doch das Zweifeln selbst zumindest unbezweifelbar wirklich." (Arendt: *Vita activa*, S. 354.)

19 Vgl. Descartes: *Prinzipien*, S. 23.

20 Vgl. Descartes: *Meditationes*, S. 83; ders.: *Prinzipien*, S. 27.

21 Vgl. Descartes: *Meditationes*, S. 97, 99.

22 Zum Begriff der ‚desengagierten Vernunft' siehe Charles Taylor: *Quellen des Selbst. Die Entstehung der neuzeitlichen Identität.* Frankfurt am Main: Suhrkamp 1994, S. 262–272.

23 Friedrich Nietzsche: *Nachgelassene Fragmente 1885–1887. KSA*, Bd. 12, S. 212, 350.

24 Friedrich Nietzsche: Genealogie der Moral. In: *KSA*, Bd. 5, S. 245–412, hier S. 279; ders.: *Nachgelassene Fragmente 1880–1882. KSA*, Bd. 9, S. 428. Siehe zudem ders.: Götzen-Dämmerung oder Wie man mit dem Hammer philosophiert. In: *KSA*, Bd. 6, S. 55–161, hier S. 77.

25 Vgl. Friedrich Nietzsche: *Nachgelassene Fragmente 1869–1874. KSA*, Bd. 7, S. 463; ders.: *Nachgelassene Fragmente 1875–1879. KSA*, Bd. 8, S. 113.

die Illusion, durch sie werde die außersprachliche Wirklichkeit adäquat ausgedrückt. Die Sprache grenzt die Dinge ab und schreibt ihnen Eigenschaften zu. Dabei abstrahiert sie vom Individuellen und Wirklichen, d. h. sie übersieht das je situativ Besondere, um allgemeine Begriffe hervorzubringen, die nur Seiendes ausdrücken. Die derart produzierten abstrakten Begriffe präsentierten jedoch nicht das Wesen der Dinge, sondern nur deren Relation zu den Menschen. Mithin sind Begriffe aber nichts als Metaphern,[26] die sich auf das „Vernunft-Vorurtheil"[27] zurückführen lassen, etwas Seiendes annehmen zu müssen – etwas, das von Dauer sowie einheitlich-identisch und wirkend ist. Das ‚Vernunft-Vorurteil' hängt unmittelbar mit „der grammatischen Gewohnheit"[28] zusammen, eine Subjekt-Prädikat-Objekt-Struktur als selbstverständlich zu erachten sowie stets Täter und Tun anzunehmen. D. h., wenn es die Tätigkeit ‚denken' gibt, dann muss auch ein tätiges Subjekt ‚Ich' vorhanden sein.[29] Dies weist Nietzsche zurück: „[E]s giebt kein ‚Sein' hinter dem Thun, Wirken, Werden; der ‚Thäter' ist zum Thun bloss hinzugedichtet – das Thun ist Alles"[30].

Damit bringt er zum einen zum Ausdruck, dass die Gesamtheit des Daseins ein ständig sich wandelndes ‚Werden' ist und kein in irgendeiner Weise fixiertes Sein. Zum anderen ficht er die unhinterfragte „Annahme des *Einen Subjekts*" an und fragt: „[V]ielleicht ist es ebensogut erlaubt, eine Vielheit von Subjekten anzunehmen, deren Zusammenspiel und Kampf unserem Denken und überhaupt unserem Bewußtsein zu Grunde liegt?"[31] Die Absonderung desjenigen, das etwas tut, vom Tun geht mit einer Umkehrung des Verhältnisses einher: das Ich bzw. Subjekt wird als Ursache des Denkens gesetzt, und zwar als eine Einheit, entsprechend welcher die Vorstellung eines ‚Dings' gebildet, bzw. als die einzige Realität, nach der den Dingen

26 Vgl. Friedrich Nietzsche: Ueber Wahrheit und Lüge im aussermoralischen Sinne. In: *KSA*, Bd. 1, S. 873–890, hier S. 878–881. Ferner ders.: *Nachgelassene Fragmente 1884–1885. KSA*, Bd. 11, S. 630–631.

27 Nietzsche: *KSA*, Bd. 6, S. 77.

28 Friedrich Nietzsche: Jenseits von Gut und Böse. Vorspiel einer Philosophie der Zukunft. In: *KSA*, Bd. 5, S. 9–243, hier S. 31.

29 Nietzsche: *KSA*, Bd. 5, S. 279; *KSA*, Bd. 6, S. 77; *KSA*, Bd. 11, S. 562, 597–598, 632–633, 635, 637–641; *KSA*, Bd. 12, S. 549; ders.: *Nachgelassene Fragmente 1887–1889. KSA*, Bd. 13, S. 258.

30 Nietzsche: *KSA*, Bd. 5, S. 279.

31 Nietzsche: *KSA*, Bd. 11, S. 650.

überhaupt eine Wirklichkeit zugesprochen wird. Der Substanzbegriff ist demnach eine Folge des Subjektbegriffs.[32] Nietzsche betont hingegen, dass das Ich nicht die Bedingung für etwas anderes ist, sondern vom Denken gesetzt wird,[33] und weist so die Vorstellung vom Subjekt als *causa prima* zurück. Er zielt damit insbesondere auf die Dichotomie von Sein und Schein, die Descartes' Überlegungen zugrunde liegt. Wenn entgegen dessen Annahme das Subjekt nichts Substanzielles und eine Vielheit ist, dann löst sich der kohärente Fixpunkt der Erkenntnis auf; die einheitliche Bedingung, anhand und gemäß derer die Wirklichkeit erschlossen wird, verwandelt sich in einen Schauplatz ständiger Auseinandersetzungen. Es gibt mithin *nicht das Sein*, sondern nur *Grade des Seins*. Und das Subjekt ist die Fiktion, die *scheinexistiert*.[34] Nach Nietzsche gilt es daher, den „Subjekt- und Ich-Aberglaube[n]“[35] abzustreifen und stattdessen „vom Leibe aus[zu] gehen und ihn als Leitfaden zu benutzen“[36], der das reichere sowie fassbarere Phänomen als der Geist sei. So lässt er seinen Zarathustra verkünden: „Leib bin ich ganz und gar, und Nichts außerdem“[37]. Der Leib, so tönt Zarathustra weiter, ist die große Vernunft, während der Geist nur dessen kleines Werk- und Spielzeug sei. „Der Leib ist […] eine Vielheit mit einem Sinne, ein Krieg und ein Frieden, eine Heerde und ein Hirt“[38].

Ereignis, Treue, Subjekt (Badiou)

I. Vom Sein zum Ereignis

Ähnlich wie Nietzsche durch sein Antipoden-Verhältnis stets dialektisch auf Platon bezogen bleibt, steht auch Badious Philosophie in fortdauernder Auseinandersetzung mit bzw. in einer zumeist impliziten Beziehung zu Nietzsches Denken. So etwa in seinem grundlegenden Bestreben, ein Verstehen der Veränderung[39] zu ermöglichen.

32 Vgl. Nietzsche: *KSA*, Bd. 12, S. 317, 465; *KSA*, Bd. 13, S. 258.

33 Vgl. Nietzsche: *KSA*, Bd. 11, S. 597, 636.

34 Vgl. ebd., S. 636–637; Nietzsche: *KSA*, Bd. 12, S. 465. Siehe auch Gianni Vattimo: *Jenseits vom Subjekt. Nietzsche, Heidegger und die Hermeneutik*. 2., überarb. Aufl. Wien: Passagen 2005, S. 43, 52.

35 Nietzsche: *KSA*, Bd. 5, S. 11.

36 Nietzsche: *KSA*, Bd. 11, S. 635 sowie S. 565, 627; ferner ders.: *KSA*, Bd. 12, S. 206.

37 Friedrich Nietzsche: Also sprach Zarathustra I. In: *KSA*, Bd. 4, S. 9–102, hier S. 39.

38 Ebd.; siehe auch Nietzsche: Fröhliche Wissenschaft, S. 349.

39 Vgl. Alain Badiou: *Logiken der Welten*. Zürich / Berlin: Diaphanes 2010, S. 113.

Aber auch bei seinem Rekurs auf Platon, der für ihn nach eigenen Angaben eine eminent wichtige, wenn nicht gar die bedeutendste Referenz darstellt,[40] gibt es einen theoretischen Umweg über Nietzsche. Badiou nimmt Bezug auf Platon primär deshalb, weil der antike Philosoph die Mathematik mit der Ontologie zusammenbringt. Doch indem er vom *Platonismus des Mannigfaltigen bzw. der Vielfalt*[41] spricht, verrät Badiou, wie nahe er Nietzsche eigentlich ist. Er knüpft, so meine These, an dessen Heraklit-Interpretation („das Eine ist das Viele"[42]) an, die sich in Nietzsches antithetischer Charakterisierung des Leibes als Vielfaches in Einheit wiederfindet,[43] und verbindet sie mit der Botschaft vom Tode Gottes („das Eins *ist nicht*"[44]).

Das Sein als solches ist laut Badiou pure Mannigfaltigkeit.[45] Weil es nicht durch das, was sich präsentiert – *die Vielfalt der Dinge* – hindurch scheint, d. h. da es sich selbst – *reine, inkonsistente Vielheit* – niemals als solches präsentiert, ist das Sein als Sein mit der Leere gleichzusetzen. Obzwar das Sein in jeder Präsentation der seienden Dinge vorkommt, ist es selbst von jeder Ordnung der Präsentation subtrahiert. Warum? Weil es schlechthin nicht *eine* Präsentation des Seins geben kann. Effekte von Operationen an der inkonsistenten Mannigfaltigkeit des Seins als Sein sind die seienden Dinge. Diese gewissermaßen Abstraktionen der reinen Vielheit entstehen dadurch, dass sie als Einsen gezählt und geordnet werden – *das* Eins bleibt jedoch ontologisch ausgeschlossen. Das, was präsentiert wird, ist mithin eine konsistente Mannigfaltigkeit. *Präsentation* ist demnach das Ergebnis

40 Jürgen Brankel: Interview mit Alain Badiou. In: Alain Badiou: *Ethik. Versuch über das Bewusstsein des Bösen.* Wien: Turia + Kant 2003, S. 147–156, hier S. 153; Alain Badiou / Fabien Tarby: *Die Philosophie und das Ereignis.* Wien: Turia + Kant 2012, S. 135.

41 Badiou: *Manifest*, S. 99; ders.: Philosophie und Mathematik. In: Ders.: *Bedingungen.* Zürich: Diaphanes 2011, S. 177–199, hier S. 185.

42 Friedrich Nietzsche: Die Philosophie im tragischen Zeitalter der Griechen. In: *KSA*, Bd. 1, S. 799–872, hier S. 827.

43 Vgl. Nietzsche: *KSA*, Bd. 4, S. 39.

44 Alain Badiou: *Sein und Ereignis.* Zürich / Berlin: Diaphanes 2005, S. 37. „Gott ist wirklich tot und mit ihm alle Kategorien, die in der Ordnung des Seinsdenkens von ihm abhingen" (Badiou: *Manifest*, S. 99). Wie Badiou jedoch kritisch anmerkt, habe der Wille zur Macht bei Nietzsche den Platz Gottes eingenommen (vgl. Alain Badiou: *Number and Numbers.* Cambridge: Polity Press 2008, S. 65).

45 Vgl. Badiou: *Sein und Ereignis*, S. 38; ders.: *Ethik. Versuch über das Bewusstsein des Bösen.* Wien: Turia + Kant 2003, S. 40.

einer Operation oder Zählung.[46] Derartige Strukturierungen der inkonsistenten Mannigfaltigkeit finden stets in, aus oder gemäß einer *Situation* statt, wobei jede Situation die Reste der reinen Vielheit zu tilgen sucht. Außerhalb der Situation gibt es mithin die *Leere*, die von der Ordnung der Präsentation ausgeschlossen werden muss. Badiou greift das Axiom der leeren Menge auf, um zu demonstrieren, dass das Nichtpräsentierbare existiert. Die *leere Menge* ist eine Menge, die keine Elemente enthält bzw. zu der nichts gehört. Sie taucht jedoch in jeder Menge zumindest als Symbol ø bzw. Benennung auf, ohne deshalb ein Element der Menge zu sein. Sie ist etwas, wodurch „die Leere markiert oder benannt, dann aber herausgenommen und von der Präsentation ausgeschlossen“[47] wird. Neben der Ordnung der Präsentation ist demnach eine weitere, wichtige Leistung der *Verfassung der Situation* die Verhinderung der Präsentation der Leere.
Eine *Menge* ist eine Sammlung von Elementen, deren Natur, Inhalt oder Anordnung belanglos sind; entscheidend ist nur das Verhältnis der Zugehörigkeit. Es fehlt somit jeder notwendige Bezug zu mengenexternen Einheiten. Jedes Element einer Menge ist selbst eine Menge, deren Teile als Teilmengen verschieden sein können von der ursprünglichen Menge. Badiou verdeutlicht dies am Beispiel eines tierischen Wesens.[48] Ein Tier gehört zu der Menge der lebenden Wesen – V – und ist zugleich aus Zellen zusammengesetzt, die selbst lebende Wesen sind. Es *gehört* einerseits zu V (als das eine lebende Tier) und ist andererseits Teil von V – es ist in V *enthalten* (und zwar als sozusagen Sammlung von lebenden Zellen). Teilmengen werden, anders formuliert, in ihren Mengen repräsentiert, jedoch nicht notwendig in der ursprünglichen Menge präsentiert: Wenn die Zellen bis hin zur physikalisch-chemischen Stofflichkeit weiter zerlegt werden, dann zeigt sich, dass die Zelle als Menge bestimmte Teilmengen enthält, die aus solchen Teilen (unbelebte Dinge) bestehen, die nicht zur ursprünglichen Menge (lebende Wesen) dazugehören und darin mithin nicht präsentiert werden. Es gibt demnach zwei Operationsebenen: In der Situation wird die *Zugehörigkeit der Elemente* zu einer Menge und in der Verfassung der Situation, aus einer anderen Perspektive, der *Ein- oder Ausschluss von Teilmengen* organisiert. Die

46 Vgl. Badiou: *Sein und Ereignis*, S. 103.
47 Ebd., S. 65.
48 Vgl. zum Nachfolgenden Badiou: *Number and Numbers*, S. 62–63, 71.

Teilmengen jeder Menge können zu einer neuen Menge gemacht werden – die *Potenzmenge* der Menge.[49] Diese unterscheidet sich von der Ausgangsmenge und ‚übersteigt' sie. Es besteht, anders gesagt, ein Überschuss an Teilmengen gegenüber den ursprünglichen Mengen.[50] Es gibt immer „– ganz gleich, wie α beschaffen ist – zumindest ein Element von P(α), in diesem Fall γ, welches nicht Element von α ist"[51].

Solche Teile, die in einer Situation zwar präsentiert werden, ohne repräsentiert zu sein, nennt Badiou *singuläre Vielheiten*.[52] Als Beispiel führt er das Proletariat an:[53] Die Arbeiterklasse ist nach Marx in einer kapitalistischen Situation präsentiert, ohne repräsentiert zu sein, und markiert mit ihrer nicht repräsentierten Anwesenheit zudem die Möglichkeiten einer ganz anderen Gesellschaftsorganisation. Für Badiou ist die Andersheit des Proletariats im Hinblick auf die Situation jedoch nicht radikal genug. Er beschreibt stattdessen eine Familie, in der es ein Mitglied gäbe, dass illegal oder ohne Papiere in einem Nationalstaat leben würde. Es würde die Familie zu einer singulären Vielheit machen. Denn die Familie bliebe zwar präsentiert, da jedoch eines ihrer Mitglieder aus der nationalstaatlichen Zählung (Bürgerschaft) herausfiele, wäre sie nicht länger repräsentiert. Handelte es sich aber um „eine konkrete Familie, deren Mitglieder *allesamt* im Untergrund leben (bzw. nicht gemeldet sind) und sich *nur* in der Gruppenform (etwa bei Familienausflügen) präsentieren bzw. in der Öffentlichkeit zeigen"[54] würden, dann wäre sie eine vollkommen anormale Vielheit. In der Zusammensetzung dieser Vielheit ist nichts, was in der Situation präsentiert oder repräsentiert wird. Sie befindet sich am Rande der Leere und kann als fundierend für die Situation betrachtet werden. Ein anderer Name für diese Vielheit lautet *Ereignisstätte*. „Eine Ereignisstätte markiert [...] eine Art Teilung innerhalb der Situation. Solch eine Stätte ist eine Teilmenge, sie enthält ihre eigenen Elemente, aber diese Elemente sind nicht eigentlich Teil der Situation, in der die Stätte selbst präsentiert wird."[55] Eine

49 Vgl. Badiou: *Sein und Ereignis*, S. 79–80.

50 Vgl. ebd., S. 117.

51 Ebd., S. 105.

52 Vgl. ebd., S. 120.

53 Vgl. ebd., S. 128.

54 Ebd., S. 201.

55 Ed Pluth: *Badiou – eine Philosophie des Neuen.* Hamburg: Laika 2012, S. 82.

Ereignisstätte zeigt an, dass es in der vorgeblich homogenen etablierten Ordnung einen Überschuss gibt. *Ereignis* deckt diesen Überschuss auf und zeigt an, dass eine Möglichkeit existiert, welche das Bekannt-Bestehende transzendiert. Ein Ereignis ist dasjenige, das gegenüber den gewöhnlichen Gesetzen der Situation kontingent ist, da es nicht auf diese zurückgeführt werden kann. Es schafft wohlgemerkt keine neue Realität, sondern eröffnet lediglich eine Möglichkeit zur Realisierung. Durch eine subjektive Intervention, den Akt der Benennung des Ereignisses, wird nicht nur die Wahl zu seinen Gunsten getroffen, sondern das Ereignis selbst wird dadurch konstituiert.[56] D. h., es gewinnt an Präsenz in der Situation nur aufgrund der verpflichtenden Wahl eines Subjekts.[57]

II. Subjekt sein, heißt treu sein

Das Ereignis gleicht einem Funken, der aufleuchtet und sofort erlischt, sofern er nicht durch bestimmte Handlungen in ein Feuer verwandelt wird. Es bedarf der Bereitschaft von Subjekten, die Konsequenzen aus dem Ereignis in der Situation zu entfalten. Aus dieser subjektiven Entscheidung, sich künftig vom Standpunkt des ereignishaften Zusatzes auf die Situation zu beziehen, erwächst der Wahrheitsprozess. Die *Wahrheit* stellt die materielle Spur des Ereignisses in der Situation dar. Die Wahrheit offenbart etwas über die Situation, das diese exkludiert, damit sie das sein kann, was sie ist. „Da das Sein mannigfaltig ist und die Wahrheit *sein* muss, ist eine Wahrheit [...] ein Mannigfaltiges-Teil der Situation, deren Wahrheit sie ist."[58] Sie ist nicht objektiv oder axiomatisch, weder legal noch struktural, noch wird sie von einer historisch etablierten Allgemeinheit gestützt. Kurzum: Sie ist universal.[59]

Durch die Benennung des Ereignisses wird eine Lücke zwischen der Verfassung der Situation und dem Handeln der *Subjekte des Ereignisses* sichtbar, die sich in einer Treueprozedur engagieren. Damit sich eine Möglichkeit verwirklichen, sich etappenweise in die Welt einschreiben kann, bedarf es nämlich der *Treue zum Ereignis*. In der Treueprozedur

56 Vgl. Badiou: *Sein und Ereignis*, S. 230.

57 „Die Sackgasse des Seins, die den quantitativen Überschuss der Verfassung maßlos umherirren lässt, ist in Wahrheit die Gasse des Subjekts" (ebd., S. 479).

58 Badiou: *Manifest*, S. 103.

59 Vgl. Alain Badiou: *Paulus. Die Begründung des Universalismus*. Zürich / Berlin: Diaphanes 2009, S. 22.

werden aus „der Menge der präsentierten Vielheiten diejenigen aus[ge]sondert, die von einem Ereignis abhängen"[60]. Das, was dabei versammelt wird, ist eine ‚Wahrheitsreihe' – die mit dem Namen des Ereignisses positiv verknüpften Terme der Situation werden neugeordnet.[61] Es entsteht so etwas wie die Sprache der Wahrheit, die in ihrer Neuheit von den bestehenden Klassifizierungen und Bestimmungen bzw. der *Enzyklopädie der Situation* abweicht und von dieser als illegitim betrachtet wird. Dem Ereignis treu sein, bedeutet zum einen, entschieden mit der existierenden Ordnung zu brechen. Die Treue zum Ereignis ist zum anderen die Entscheidung, sich bezüglich der existierenden Meinungen und etablierten Kenntnisse heterogen zu verhalten, indem „neue Seins- und Handelnsweise[n] in der Situation"[62] erfunden werden. Oder wie Badiou schreibt: „Ein Subjekt bemisst die *Neuheit* der kommenden Situation"[63]. Dabei bezieht sich das Subjekt nicht auf irgendein bereits bestehendes Wissen und behauptet nicht, *die* Wahrheit zu kennen. Es erzeugt vielmehr eine Wahrheit derjenigen Situation, die es bewohnt, indem es deren Inkonsistenz aufweist.

Indem Badiou den generischen Charakter der Wahrheit hervorhebt, begegnet er dem ersten der beiden Axiome, welche die unterschiedlichsten Strömungen der gegenwärtigen Philosophie teilen: „Die Metaphysik der Wahrheit ist unmöglich geworden"[64]. Ebenso wie die Wahrheit von keiner bereits konstituierten Teilmenge gestützt wird und somit hinsichtlich aller bestehenden Gemeinschaften diagonal ist, so ist das Subjekt laut Badiou im Hinblick auf vorhandene Identitäten voraussetzungslos.[65] Er bestreitet zudem – wobei er sich u. a. auf Foucault beruft –, dass es ein allgemeines menschliches Subjekt als eine zeitlose, überall wiedererkennbare Evidenz gibt, und weist insbesondere die Definition des Menschen als leidendes Tier zurück.[66] Badiou scheint somit eine formelle Subjekttheorie zu vertreten. Doch bei seiner Entgegnung auf das zweite Axiom: „Die Sprache ist der

60 Badiou: *Sein und Ereignis*, S. 263.

61 Vgl. ebd., S. 378.

62 Badiou: *Ethik*, S. 62.

63 Badiou: *Sein und Ereignis*, S. 455.

64 Alain Badiou: Die gegenwärtige Welt und das Begehren der Philosophie. In: Rido Raha (Hrsg.): *Politik der Wahrheit*. Wien: Turia + Kant 1997, S. 9–30, hier S. 19.

65 Siehe dazu etwa Badiou: *Paulus*, S. 30–39.

66 Vgl. Badiou: *Ethik*, S. 15–18, 22–24.

entscheidende Ort des Denkens"[67], zeigt sich, dass Badious Theorie des Subjekts sich implizit an Descartes anlehnt. So schreibt er, dass die Sprache nicht den absoluten Sinnhorizont des Denkens darstellt. Dabei betont er, dass, obgleich die Sprachspiele das Gesetz der Welt sind, die Philosophie in ihnen nicht ihren Imperativ zu suchen braucht, weil sie als Denken nicht unmittelbar von der sprachlichen Regel abhängt, innerhalb derer sie wirkt. Die *Philosophie als Denken* wendet sich vielmehr an alle, ohne irgendeine Sprachgemeinschaft zu privilegieren.[68] „Das rein menschliche Vermögen ist aber das Denken, und das Denken ist nichts anderes als das, wodurch die Bahn einer Wahrheit das menschliche Tier ergreift und durchdringt"[69]. Badiou vollzieht demnach eine nicht explizit gemachte Rückkehr zu Descartes, indem er das Denken als das genuin menschliche Vermögen bezeichnet und das Subjekt als denkendes charakterisiert. Zugleich adaptiert er aber seine Theorie an die Kritik Nietzsches an der Vorstellung vom Subjekt als Ursache des Tuns. Das Subjekt wirkt, ist jedoch auch Wirkung. Das Denken ist das Subjekt.[70] Zudem begnügt sich das treue Subjekt nicht mit Kritik, es sagt nicht nur ‚Nein' zur Situation, sondern umso lauter ‚Ja' zum Wahrheitsprozess[71] – der latente Einfluss Nietzsches ist an diesem Punkt unverkennbar.

III. Die Geburt des treuen Subjekts aus der Krise des Marxismus

Um seine Subjekttheorie ausarbeiten zu können, musste Badiou einige theoretische Mauern abtragen. Dazu gehörte in erster Linie die Einsicht, dass der Marxismus mit seinem Versuch, emanzipatorische Politik mittels Partei und Staat in Wirklichkeit umzusetzen, gescheitert ist und sich in einem kritischen Zustand befindet: „Von der Krise des Marxismus muss man heute sagen, dass sie *umfassend* ist"[72]. Er

67 Badiou: Die gegenwärtige Welt, S. 19.

68 Vgl. ebd., S. 23.

69 Alain Badiou: Wahrheiten und Gerechtigkeit. In: Raha (Hrsg.): *Politik der Wahrheit*, S. 54–63, hier S. 55, ähnlich ebd., S. 58. Siehe ferner Badiou: *Ethik*, S. 24; ders.: *Über Metapolitik*. Zürich / Berlin: Diaphanes 2003, S. 110, 113; ders.: Das Ereignis denken. In: Ders. / Slavoj Žižek: *Philosophie und Aktualität. Ein Streitgespräch*. Wien: Passagen 2005, S. 15–49, hier S. 33–35.

70 Vgl. Badiou: Das Ereignis denken, S. 33–34. Badious Philosophie ist demnach nur insofern post-cartesisch, als dass er das Subjekt nicht als durch bewusste Erfahrung gegebenes begreift. Jedoch ist er, aufgrund seiner Herausstellung des Denkens, kein „völliger Post-Cartesianer" (Pluth: *Badiou*, S. 131).

71 Vgl. Badiou: *Logiken der Welten*, S. 19.

72 Vgl. Badiou: *Ist Politik denkbar?*, S. 31.

folgt damit der Diagnose Louis Althussers, der 1977 in einem Vortrag auf die Anzeichen einer Krise des Marxismus hinwies.[73] Badiou beschreibt die historische Zerstörung der Glaubwürdigkeit des Marxismus anhand des Zusammenbruchs des Dispositivs dreier Referenzen: a) Bezug zur Arbeiterbewegung, b) Bezug zu den nationalen Befreiungsbewegungen, c) Bezug zum Staat.[74] Er schreibt, dass das politische Engagement der Arbeiterschaft sowie die damit zusammenhängenden Termini und Theorien etwa ein halbes Jahrhundert lang ihre Artikulation insbesondere im Marxismus fanden. Die marxistische Partei trat dabei als der subjektive Vertreter der Arbeiterbewegung auf. Spätestens mit der Formierung der Solidarność in Polen geriet die Verbindung zwischen Arbeiterbewegung und Marxismus jedoch in eine Krise. Die sogenannten Volkskriege in Asien, die unter dem Banner des Marxismus geführt wurden, verwandelten sich in einen expansiven Nationalismus, womit die ursprüngliche emanzipatorische Universalität dieser Bewegungen verloren ging. Und der staatliche Bezug war angesichts des stalinistischen Terrors längst diskreditiert. Aus diesem historischen Scheitern zieht Badiou die Konsequenz, dass (emanzipatorische) Politik sich nunmehr nicht am staatlichen Funktionieren orientieren sollte. Sie ist aus seiner Sicht nicht mehr auf Programme angewiesen, die sich in irgendeiner Form mit der Frage des Staates auseinandersetzen, weil sie fortan in „der Dimension einer kollektiven, sich dem normativen Staatskonsens entziehenden Freiheit“[75] auftritt. Die Distanznahme zum Staat impliziert für Badiou vehemente Kritik des Parlamentarismus im Besonderen[76] sowie die Ablehnung der hergebrachten Parteipolitik

73 Vgl. Louis Althusser: Über die Krise des Marxismus. In: Ders.: *Die Krise des Marxismus.* Hamburg: VSA 1978, S. 53–68.

74 Vgl. dazu Badiou: *Ist Politik denkbar?*, S. 31–38, 51–67.

75 Alain Badiou: Philosophie und Politik. In: Raha (Hrsg.): *Politik der Wahrheit*, S. 31–45, hier S. 36. Vgl. zudem Badiou: Wahrheiten und Gerechtigkeit, S. 61–62; ders.: *Über Metapolitik*, S. 116–117; ders. / Tarby: *Die Philosophie und das Ereignis*, S. 50–51, sowie ders.: Von einem dunklen, unbekannten Desaster: Über das Ende der Wahrheit des Staates. In: Boris Groys / Anne von der Heiden / Peter Weibel (Hrsg.): *Zurück aus der Zukunft. Osteuropäische Kulturen im Zeitalter des Postkommunismus.* Frankfurt am Main: Suhrkamp 2005, S. 59–87, hier S. 67–70, 86; ders.: *Wofür steht der Name Sarkozy?* Zürich / Berlin: Diaphanes 2008, S. 15, 23.

76 Vgl. Badiou: *Ethik*, S. 48; ders.: *Über Metapolitik*, S. 30–31; ders.: Von einem dunklen, unbekannten Desaster, S. 72, 75–76; ders.: *Das Ereignis denken*, S. 26–28; ders.: *Wofür steht der Name Sarkozy?*, S. 35–38, 63–64.

im Allgemeinen.[77] Damit entfernt er sich von seiner früheren Position, die er in *Théorie du sujet* noch vertreten hat, der zufolge die Partei die effektivste Organisationsstruktur darstelle,[78] wobei für ihn aus der Zurückweisung der Parteilogik keineswegs folgt, dass politische Organisationen grundsätzlich abzulehnen sind.[79] In jenem ersten umfangreicheren Werk Badious, das ausdrücklich die Frage des Subjekts behandelt, stellt zum einen die revolutionäre Partei die Verkörperung der Politik dar, zum anderen wird das Subjekt als politisch definiert.[80]

Diese Verhaftung des Subjekts im politischen Bereich löst Badiou später auf, d. h. er ent-näht das Subjekt vom politischen Verfahren[81] und fügt drei weitere Bedingungen der Wahrheitsprozedur hinzu: Kunst, Liebe und Wissenschaft. Ferner entfernt er sich vom gewaltbefürwortenden Vokabular der Zerstörung in *Théorie du sujet* und korrigiert es gewissermaßen durch das subtrahierende Paradigma. Dabei betont er, dass eine Wahrheitsprozedur primär schöpferisch sei. Sie ergänzt die bestehende Situation und arbeitet zugleich an der Herbeiführung einer kommenden Situation.

Um zu resümieren: Das Subjekt im Bereich der Politik ist weder mit besonderen Gesellschaftsgruppen bzw. -kollektiven verbunden (z. B. Proletariat), noch bedarf es bestimmter Organisationsformen bzw. -strukturen (z. B. politische Parteien) und begreift außerdem den Staat nicht als *den* Adressat der politischen Aktivität. Das politische Subjekt bindet sich nicht dialektisch durch Negation ans Bestehende und entäußert sich nicht durch Destruktion, sondern durch Kreation, d. h. durch Bejahung der kommenden Situation.

77 Vgl. Badiou: *Über Metapolitik*, S. 81–90.

78 Alain Badiou: *Théorie du sujet.* Paris: Édition du Seuil 1982, S. 109.

79 Vgl. Badiou: *Ist Politik denkbar?*, S. 129.

80 Vgl. Badiou: *Théorie du sujet*, S. 46.

81 Vgl. Alain Badiou: Philosophie und Politik. In: Ders.: *Bedingungen.* Zürich: Diaphanes 2011, S. 243–281, hier S. 263, Anm. 13.

31A	LUTT1CH	BUDAP35T	R3G3N5BURG	FALA153
	BLUMIG	SINNLICH	MOOSIG-FRISCH	PUDRIG
2013	MH23112012	GI13012013	GI20122012	GI12022013
3NBURG	CA3N	W13N	LA CORUNA	RO5TOB
ICH	WÜRZIG	ERDIG	BLUMIG	KRAUTIG
2012	MH29112012	GI20012013	GI18122012	MH27112012
OURG	CHOLM	COULM13R5	WAT3RLOO	DÜNK1RCH3N
	RAUCHIG	HOLZIG	WÜRZIG	TALGIG
2012	GI22122012	GI10012013	MH17112012	GI15022013
NVAL	BAUTZ3N	LÜB3CK	L1GNY	CAR3NTAN
	MOOSIG-FRISCH	HOLZIG	SÄUERLICH	TALGIG
2013	GI15012013	MH25112012	MH22112012	GI18122012
3RN	L3N1NGRAD	5ALAMANCA	DR35D3N	D3MJAN5K
ND-SÜß	STECHEND-SÜß	WEICH	SÄUERLICH	WÜRZIG
2012	GI15122012	MH17112012	GI23012013	GI25122012
5H31M	K13W	LO1GNY	HOCH5TÄDT	CU5TOZZA
	BLUMIG	SCHWER	KRAUTIG	RAUCHIG
2013	MH181112012	MH29112012	MH29112013	GI15012013
N5K	OV13DO	ORL3AN5	LAND5HUT	GO1TO
	HEUARTIG	SÄUERLICH	ERDIG	HOLZIG
2013	MH21112012	GI12012013	MH22112012	GI23012013
1N3	AU5T3RL1TZ	J3NA	QUATR3-BRA5	5OLF3R1NO
	ERDIG	WEICH	TALGIG	GRÜN
2012	GI23012013	MH20112012	MH17112012	GI05022013
R	G1JON	V1TOR1A	BOROD1NO	M1N5K
	STECHEND-SÜß	SCHWER	SINNLICH-HERB	WÜRZIG
2012	MH11112012	GI19122012	MH22112012	GI08022013
FONT31N	G3MMANO	G3NUA	L31PZ1G	R3MAG3N
ICH	SÄUERLICH	SINNLICH	MOOSIG-FRISCH	BLUMIG
2013	GI15122012	GI05012013	MH20112012	GI11022013
DA	MO5KAO	AMB3RG	DUBROVN1K	5AN F3RMO
ICH	RAUCHIG	HERB	HEUARTIG	BLUMIG
2012	GI23092012	GI15012013	MH27112012	GI05022013
1NG3N	MONS	DANZ1G	KOP3NHAG3N	GRAV3LOTT3
	RAUCHIG	STECHEND-SÜß	MOOSIG-FRISCH	HEUARTIG
2013	GI15012013	GI09122012	GI12122012	GI25012013
NL1ND3N	LONDON	5ARAGO55A	FR13DLAND	5A1NT-LO
G	HERB	PUDRIG	SCHWER	RAUCHIG
2012	GI20122012	MH27112012	GI05122012	GI14022013

N H 012	5ACIL3 BLUMIG GI09122012	LODI STECHEND GI03112012	CHATILLON WÜRZIG GI12012013	ALBU3RA STECHEND-S MH2011201
D 013	AB3N5B3RE TALGIG GI12012013	5AINT-QU3NTIN GRÜN MH25112012	C3R ERDIG GI08122012	OD355A BLUMIG GI1212201
012	D3NN3W1TZ HOLZIG GI28122012	POUPRY KRAUTIG GI12122012	LOR3TTO WÜRZIG GI20122012	RA5ZYN SCHWER GI1511201
N 012	BAPAUM3 MOOSIG-FRISCH GI15012013	D3GO SINNLICH-HERB GI20122012	NARV1K HEUARTIG GI28122012	NOVARA HERB GI0701201
NB3RG H-HERB 012	WJA5MA PUDRIG MH15112012	CHAT3AUDUN STECHEND-SÜß GI17012013	W1ZNA SÄUERLICH GI01122012	CH3V1LL BLUMIG GI1511201
) D-SÜß 012	ZÜR1CH HOLZIG MH15112012	ABUK1R RAUCHIG GI15122012	5MOL3N5K WEICH GI20012013	HALLU3 GRÜN GI1512201
NGRAD D 012	KRA5NOJ3 WÜRZIG MH19112012	5OLF3R1NO ERDIG GI15112012	KARFR31T MOOSIG-FRISCH GI13122012	5C3AUX WEICH GI0512201
5BURG 013	MONTM1RA1L SINNLICH MH28112012	53WA5TOPOL KRAUTIG GI15012013	ARRA5 BLUMIG GI03122012	B3LL3VU ERDIG MH2911201
N 013	WART3NBURG WEICH GI20122012	B3LFORT HEUARTIG GI15122012	BRUN3T3 BLUMIG GI23012013	PULTU5K SÄUERLICH MH2411201
N 012	PA55AR3LL1 RAUCHIG GI15012013	MAR3NGO PUDRIG GI22012013	3L ALAM31N SÄUERLICH GI19122012	B3AUG3N WEICH GI0212201
013	GRO55B33R3N TALGIG MH29112012	GUMB1NN3N KRAUTIG GI15012013	HART3R MOOSIG-FRISCH GI1112013	V1LL3R5 HERB GI2201201
TA H-HERB 013	TR3BB1A SCHWER GI10012013	AM13N5 SINNLICH GI23012013	O5TRACH STECHEND-SÜß GI12122012	AU3R5T3 RAUCHIG MH2111201
LLL3 013	CRAONN3 SINNLICH-HERB GI15012013	L3 CAT3AU GRÜN GI15012013	TOUL HOLZIG GI15012013	O5TROL3 MOOSIG-FRI GI0801201

CHAT1LLON
WÜRZIG
GI12012013
5AN F3RMO
BLUMIG
GI05022013
L3N1NGRAD
STECHEND-SÜß
GI15122012
K13W
BLUMIG
MH18112012
ORL3AN5
SÄUERLICH
GI12012013
J3NA
WEICH
MH20112012
G3NUA
AU5T3RL1TZ
ERDIG
GI23012013
POUPRY
M3R1DA
TALGIG
DR35D3N
SÄUERLICH
MH22112012
M1N5K

Liebe Leser_innen

Willkommen bei [GALAKTIKON], willkommen in einer Welt einzigartiger Torsohüllen! Aufregend uniform und doch so vielfältig – eben für jeden Geschmack das passende Stück.

Wir sind eine Künstlergruppe, die in einem seriellen Produktionsprozess handgefertigte Unikate aus gebrauchter Kleidung, Wandfarbe und Kunstharz herstellt.
Jede im Prozess auftauchende Abweichung wird in die Serie integriert, was die singuläre Qualität einer jeden Torsohülle mit ausmacht.
Nun sind die Torsi erstmalig in unserer Rauminstallation ['GIZE:H] zu sehen, die sich mit Mechanismen der Körperverwertung beschäftigt.

Finden Sie bei [GALAKTIKON] Ihr persönliches Geschenk, das passende Deko-Objekt, eine Inspiration für Ihr eigenes Kunstwerk oder verwerten Sie unsere Torsi in ihrem Kunstwerk weiter. Vielleicht möchten Sie auch die Patenschaft für eine Torsohülle übernehmen!

Wir produzieren an verschiedenen Orten – gerne auch bei Ihnen oder an einem Platz Ihrer Wahl.

Melden Sie sich! Wir freuen uns auf Sie.
Ihr Team von [GALAKTIKON]

www.galaktikon.de

N01553V1LL3
STECHEND
I20122012

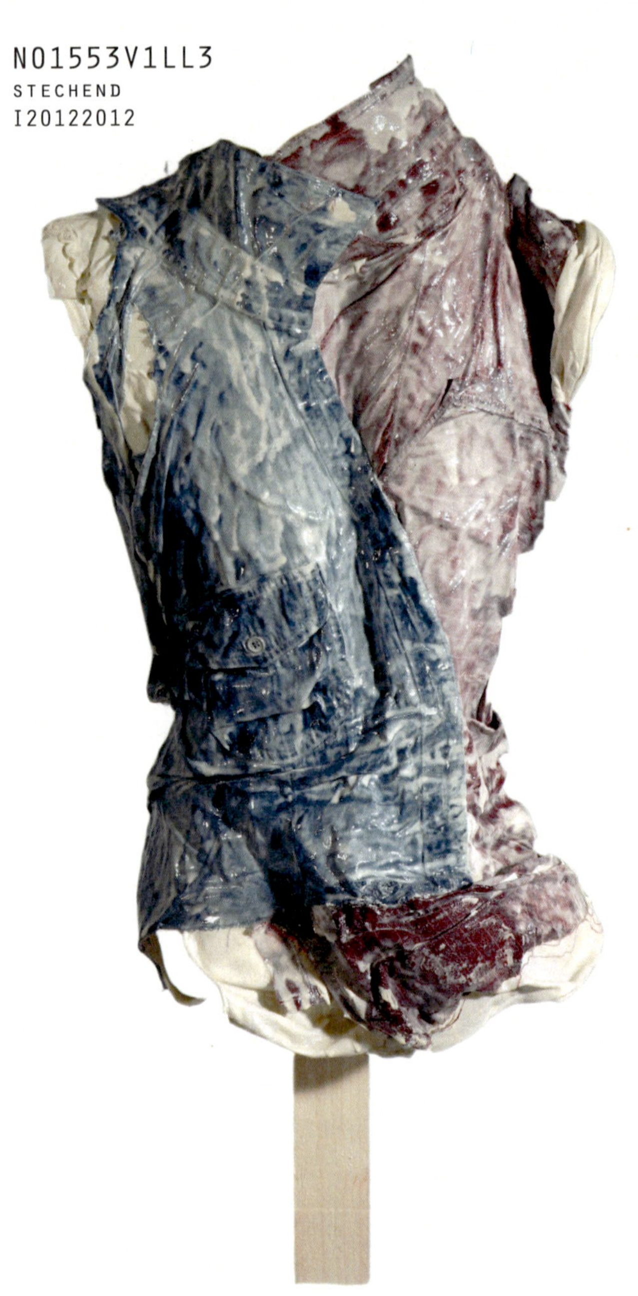

53DAN
SCHWER
GI05012013

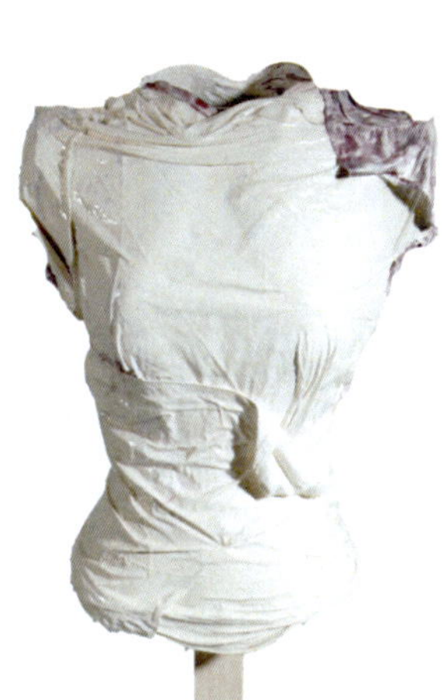

M355K1RCH
BLUMIG
GI10122012

MONS
RAUCHIG
GI15012013

GUMB1NN3N
KRAUTIG
GI15012013

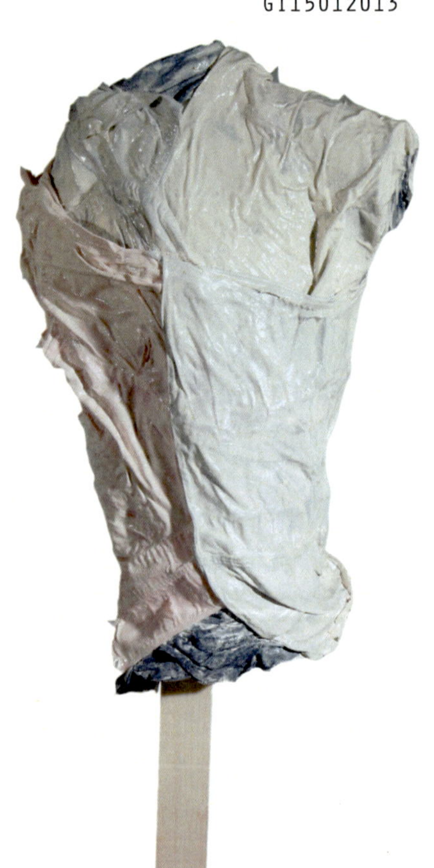

LÜB3CK

HOLZIG

MH25112012

['GIZE:H]
Rauminstallation, Tonspur, Katalog von [GALAKTIKON]
Material: Altkleidung, Farbe, Epoxidharz, Holz, Baumwolle, Metall, Kunststoff

Zerrissene Altkleidung, eigentlich elastisch, wird mittels Farbe und Epoxidharz zu einem starren Hohlkörper verhärtet, ihre stoffliche Beweglichkeit in einer Falte konserviert. Im Herstellungsprozess werden alle in den Körper eingehenden Stoff-Fetzen in weiße Farbe getränkt. Ihr singulärer Ton und Aufdruck tritt daher erst im geharzten Zustand, neben dem Weiß, wieder hervor. Jeder Körper trägt dann den weißen Farbton und den Glanz des Epoxidharzes, das den Anschein von Nässe erweckt, als sei die Herstellung eben erst beendet worden. Mit dem Verfahren der Farbtränkung und des Harzens wird nicht zuletzt der den gebrauchten Kleidungsstücken inhärente Geruch, der auf eine singuläre Geschichte verweist, von dem einheitlichen Geruch der Chemikalien eingeschlossen.
Die Unikate werden in der Rauminstallation ['GIZE:H] verwertet.

['GIZE:H] zeigt einen Ort der Produktion, seine stillgelegten Produktionsstraßen und derzeit 300 produzierte Torsohüllen. Sie lehnen auf Stangen gespießt an den Wänden, sammeln sich in einem tempelartigen Holzgerüst, das ihre begonnene Klassifizierung zeigt, liegen vereinzelt oder zuhauf im Weg oder ordentlich gestapelt neben den stählernen Produktionstischen, an denen sie massenhaft handgefertigt wurden. Je nachdem wie sie arrangiert sind, rufen sie unterschiedliche Assoziationen hervor. Farbreste, hier und da schon wieder zu Staub zerfallen, finden sich neben unverarbeitetem oder abgenutztem Material und liegengelassenem Werkzeug. Über Lautsprecher eingespielte Arbeitsgeräusche und Textfragmente (Passagen aus Heiner Müllers Hydra, die Herakles Gang in eine Schlacht beschreiben) verdichten sich immer wieder rhythmisch und dynamisch. ['GIZE:H] inszeniert so einen verlassenen Herstellungsort und -prozess und verweist damit auf jene Momente, die dem Besucher entgangen sind. Die offensichtliche Abwesenheit der Produzenten und das merkwürdige Nebeneinander von Chaos, nachlässiger Verwahrlosung und peniblem Ordnungswahn, nötigt dazu die Produktion imaginär zu entschlüsseln und fortzusetzen.

In einem Katalog zur Installation werden alle 300 Torsi systematisch zwischen ihrer Erscheinung als Unikat und ihrer Wiederholung als Masse erfasst. Sie erhalten Geruchsbestimmung, Maße und Herstellungsdatum, sowie Bezeichnung, die sie zu Repräsentanten von Orten machen, an denen Militär aktiv war. Ihre Geschichte pendelt zwischen Fiktion und Dokumentation. Der Katalog gibt die Objekte frei für den Kauf, zur Miete oder zur Weiterverwertung für künstlerische Zwecke.

/ Verwertung des Körpers als Tötungsmaschine / Der Körper des Soldaten (als Tötungsmaschine, als politisierter Totenkult) / Rekrutierung von Nachwuchs um militärische Maschinerien am Laufen zu halten / Blick auf Vergänglichkeit / Herr Meier, der das T-Shirt vielleicht einmal trug / Bangladesh und Ausbeuterbedingungen / singuläre Massengeschichte, die nicht eingeschlossen genug ist um nicht vom Betrachter in Betracht gezogen und narrativ weitergesponnen zu werden / nationalsozialistischer Massenmord / systematische, industrielle Ausbeutung und Verwertung des menschlichen Körpers als Produkt / Soldaten, Arbeitslose, Flüchtlinge, Konsumenten / gespenstische Bewegung im unbewegten Raum / Welt, in der sakrale Bauten und Modestudios neben Leichenbergen und Schlachthäusern widerspruchslos bestehen können / Karte von Schauplätzen gewalttätiger Auseinandersetzungen / Sinnproduktion als aktiver, autonomer Akt nur ausführender Teil, vielleicht gar nur als Projektionsoberfläche eines kollektiven, medialen Gedächtnisapparats / Bilder von Leichenbergen / Prozession / Versammlung / im Gebeinhaus oder Tempel / ein Pfarrer, der seiner Gemeinde predigt, der Gehängte am Galgen /

[GALAKTIKON] sind: Alexander Buers, Laura Eggert, Leo Großwendt, Angela Harter, Anna Krauß, Fabian Passarelli, Jennifer Sittler, Katharina Stephan, Hanke Wilsmann.

N°	schneiden	pumpen	anlegen	harzen	Maße
73	MH, 25.11.12 Enzo	MH, 25.11.12 Hanke	MH, 25.11.12 Enzo	MH, 27.11.'12 Angela MH, 28.11.12 Enzo	50x33x19
74	MH, 25.11.12 Enzo	MH, 25.11.12 Hanke	MH, 25.11.12 Enzo	MH, 27.11.'12 Angela MH, 28.11.12 Enzo	49x37x20
75	GI, 29.11.12 Angela	GI, 29.11.12 Jenny	GI, 29.11.'12 Angela	GI, 2.12.12 Anna GI, 3.12.12 Laura	57x33x16
76	GI, 29.11.'12 Angela	GI, 29.11.12 Jenny	GI, 29.11.'12 Angela	GI, 2.12.12 Anna GI, 3.12.12 Laura	50x41x21

Aufschreibesysteme bestimmen unsere Lage: Kittlers verteiltes Subjekt der Geschichte

Matthias Koch / Christian Köhler

I was so sick of ideology.[1]
(Friedrich Kittler)

Einleitendes

„Medien bestimmen unsere Lage, die (trotzdem oder deshalb) eine Beschreibung verdient."[2] Dieser Satz enthält – meistens gar verkürzt auf seinen ersten Teil – die vielleicht meistzitierte Aussage Friedrich Kittlers, auf jeden Fall aber die Aussage, auf deren Nenner die Rezeption seines Gesamtwerkes oft reduziert wird. Kittler ist aus dieser Perspektive der Verkünder eines medientechnischen Aprioris, in dem die Medien und vor allem deren technisch-apparative Seite die determinierenden Faktoren in der Herausbildung von Diskursen, Wissen und Kultur sind. Was zu einem gegebenen historischen Zeitpunkt eine Gesellschaft ausmacht, was gesagt und gedacht werden kann, soll sich der Vorgängigkeit medialer Dispositive als der fundamentalen Möglichkeitsbedingung von Sinnproduktion verdanken. Was gemeinhin als historischer Wandel verstanden wird, kann somit immer nur Ergebnis eines medialen Wandels sein: Medien wären dann die Subjekte der Geschichte.

Wir möchten im Kommenden plausibilisieren, dass diese Einordnung Kittlers sich einer verkürzenden Lesart verdankt – als ließe sich die Gesamtheit aller Texte des Autors als ein „System Kittler" lesen, in dem die früheren wie späteren Texte zusammenhängend auf ein kohärentes Projekt verweisen, das man in dem eingangs zitierten Satz zusammenfassen könnte. Dies möchten wir tun, indem wir an Kittlers Habilitationsschrift *Aufschreibesysteme 1800/1900*[3], die den Startschuss für die deutschen Medienwissenschaften darstellte, exemplarisch

1 John Armitage: From Discourse Networks to Cultural Mathematics. An Interview with Friedrich A. Kittler. In: *Theory, Culture & Society* 23,7–8 (2006), S. 17–38, hier S. 21.

2 Friedrich Kittler: *Grammophon Film Typewriter.* Berlin: Brinkmann & Bose 1986, S. 3.

3 Friedrich Kittler: *Aufschreibesysteme 1800/1900.* Überarb. Auflage. München: Fink 2003.

zeigen, dass zumindest für sie der universelle Verdacht des Medienapriorismus nicht zutrifft, auch wenn die gegenteilige Deutung verbreitet ist.[4] In dieser Mediengeschichte der Literatur vergleicht er zwei historische Zeiträume, in denen sich ein jeweils neues „Netzwerk von Techniken und Institutionen […], [das] einer gegebenen Kultur die Adressierung, Speicherung und Verarbeitung relevanter Daten erlaubt"[5], durchgesetzt hat. Um 1800 ist es für Kittler das Aufschreibesystem der „Dichtung", in dem durch die Alphabetisierung, pädagogische Methoden und die damit einhergehende Veränderung der Mutterrolle Autoren zu Dichtern werden. Deren Dichtung ist „Ersatz sinnlicher Medien"[6] und steht einer hermeneutischen Auslegung durch Leserinnen und Philosophen offen. Diese Konstellation wird um 1900 durch das Aufschreibesystem der „Literatur" abgelöst. Hier sind es die Erfindung technischer Medien und die Etablierung von Diskursen wie der Psychophysik, die eine Literatur hervorbringen, die auf dem kontingenten Rauschen der Signifikanten beruht und dadurch für psychoanalytische Interpretationen anschlussfähig wird.

Durch eine erneute Lektüre der *Aufschreibesysteme* kann nicht nur gezeigt werden, dass Kittler nicht einfach die Wirkmacht von Medien behaupten wollte, sondern dass es sich bei Aufschreibesystemen um heterogene, durch Praktiken zusammengehaltene Netzwerke handelt. Durch das erst kürzlich posthum veröffentlichte Vorwort, in dem Kittler in einer für ihn nicht unbedingt typischen Klarheit seine methodischen und theoretischen Prämissen offenlegt, lässt sich glaubhaft machen, dass die *Aufschreibesysteme* den Transferpunkt des

4 Für die Einordnung der *Aufschreibesysteme* und eine reduzierte Lesart Kittlers als Mediendeterministen vgl. z.B. Hartmut Winkler: Flogging a Dead Horse? Zum Begriff der Ideologie in der Apparatusdebatte, bei Bolz und Kittler. In: Robert F. Riesinger (Hrsg.): *Der kinematographische Apparat. Geschichte und Gegenwart einer interdisziplinären Debatte.* Münster: Nodus 1995, S. 217–236; Frank Hartmann: Techniktheorien der Medien. In: Stefan Weber (Hrsg.): *Theorien der Medien. Von der Kulturkritik bis zum Konstruktivismus.* Konstanz: UVK 2003, S. 49–80, hier S. 58–64; Knut Ebeling: Das technische Apriori. In: Lorenz Engell / Bernhard Siegert / Joseph Vogl (Hrsg.): *Kulturgeschichte als Mediengeschichte (oder vice versa?).* Weimar: Verlag der Bauhaus-Universität Weimar 2006, S. 11–22; Dieter Mersch: *Medientheorien zur Einführung.* Hamburg: Junius 2006, hier S. 185–207; Claudia Liebrand: ‚Strong readings', Paranoia und Kittlers Habilitationsverfahren. Prolegomena einer Fallstudie. http://www.literaturkritik.de/public/rezension.php?rez_id=17782 (Zugriff am 19.11.2013).

5 Kittler: *Aufschreibesysteme*, S. 501.

6 Ebd., S. 138.

Kulturtechnikbegriffs in die Medienwissenschaften markieren. Eine Relektüre auf dem aktuellen Stand der Kulturtechnikforschung bringt daher eine Neubewertung des Verhältnisses von Akteuren, Medien und Praktiken mit sich. Denn die Netze der Kulturtechnik werden nicht durch die Handlungen von menschlichen wie nicht-menschlichen Akteuren gesponnen, wie es etwa die Akteur-Netzwerk-Theorie beschreibt, sondern werden umgekehrt von der Ausprägung von Praxen und deren Verschaltung in Operationsketten aus gedacht. Praxen sind also nicht der bloße, unsichtbare Kitt zwischen Akteuren, denen das eigentliche Interesse gilt, sondern bestimmen vielmehr die Möglichkeiten von Akteuren. Die Kulturtechnikforschung vertritt dabei keinen essentialistischen, sondern einen funktionalistischen Medienbegriff. Die Medialität von Elementen ergibt sich somit durch die Funktion, die sie in ihren operationalen Verkettungen untereinander einnehmen. So sind zum Beispiel für Kittler Bücher um 1800 als Dichtung Medien, um 1900 als Literatur sind sie es nicht mehr. Die Pointe ist also, dass in der gewählten Perspektive die Medien nicht als vorgängig und historisch wirksam erscheinen, sondern durch Operationsketten, in die sie involviert sind, überhaupt erst konstituiert werden. Zeigen wollen wir damit, dass die *Aufschreibesysteme* nicht wie andere medientheoretische Ansätze oder auch spätere Schriften Kittlers die Medien „als neuartiges Subjekt der Geschichte [behaupten], welches die bisherigen historischen Subjekte ablöst“[7], sondern ein verteiltes, netzwerkförmiges Subjekt der Geschichte: die Aufschreibesysteme.

Eine kulturtechnische Relektüre Kittlers

Die Kulturtechnikforschung ist mittlerweile als institutionalisierter Bestandteil der deutschen Medien- und Kulturwissenschaften zu betrachten.[8] Sie untersucht solch „unscheinbare Wissenstechniken wie Zettelkästen, Schreibwerkzeuge und Schreibmaschinen, Diskursoperatoren wie Anführungszeichen, Medien der Pädagogik wie die

7 Jens Schröter: Der König ist tot, es lebe der König. Zum Phantasma eines technologischen Subjekts der Geschichte. In: Johannes Angermüller / Katharina Bunzmann / Christian Rauch (Hrsg.): *Reale Fiktionen, fiktive Realitäten. Medien, Diskurse, Texte*. Hamburg: LIT 2000, S. 13–24, hier S. 18. Schröter weist allerdings auf das abweichende Projekt der *Aufschreibesysteme* hin, die er als Kittlers Versuch interpretiert, ein „multifaktorielle[s] Model[l]“(ebd., S. 21) zur Anwendung zu bringen.

8 Vgl. Geoffrey Winthrop-Young: Cultural Techniques: Preliminary Remarks. In: *Theory, Culture & Society* 30,6 (2013), S. 3–19.

Schiefertafel, schwer einzuordnende Einzelmedien wie den Phonographen oder Disziplinierungen wie die Alphabetisierung“[9]. Noch weiter geht sie in dem Anspruch, „vor die Reifizierung von Apparaten und Substantiven zurückzugreifen, um einen Zugriff auf die Verben und Operationen zu ermöglichen, aus denen die Substantive und Artefakte erst hervorgegangen sind.“[10] Es soll also genau um die Praktiken gehen, die ihren Objekten vorausgehen, und vor allem auch darum, *wie* diese Praktiken ihre Objekte allererst hervorbringen.

Kittler selbst war mit der Kulturtechnikforschung biographisch eng verbunden. Nicht nur war er bis zu seinem Tod 2011 stellvertretender Direktor des Berliner Helmholtz-Zentrums für Kulturtechnik, sondern ihm wird auch der Import des Kulturtechnikbegriffs in die Medien- und Kulturwissenschaften zugeschrieben. Nach Erhard Schüttpelz lernte Kittler den Begriff in seiner Freiburger Zeit als Student und Lehrender in den 1970er bis 1980er Jahren kennen und brachte ihn in den 1990er Jahren nach Berlin, wo er die Grundlage wenigstens der dortigen Kulturtechnikforschung wurde.[11] Der Begriff stammt in dieser Traditionslinie aus der Pädagogik und bezeichnete dort die Techniken Rechnen, Schreiben und Lesen, deren Beherrschung als Prämisse dafür betrachtet wurde, „daß ein Individuum am gesamtgesellschaftlichen Kommunikationsprozeß teilhaben kann“[12]. In diesem Rahmen benennen Kulturtechniken also die Techniken, die es gestatten, Kultur zu produzieren und an Kultur zu partizipieren.

9 Lorenz Engell / Bernhard Siegert: Editorial. In: *Zeitschrift für Medien- und Kulturforschung* 1 (2010), S. 5–9, hier S. 5–6.

10 Erhard Schüttpelz: Die medienanthropologische Kehre der Kulturtechniken. In: Engell / Siegert / Vogl (Hrsg.): *Kulturgeschichte als Mediengeschichte*, S. 87–110, hier S. 87. Vgl. auch Thomas Macho: Zeit und Zahl. Kalender und Zeitrechnung als Kulturtechniken. In: Sybille Krämer / Horst Bredekamp (Hrsg.): *Bild, Schrift, Zahl.* München: Fink 2003, S. 179–192.

11 Diese „Gründungsgeschichte“ der Kulturtechnikforschung erzählt zumindest Bernard Dionysius Geoghegan. Dafür und zur „Vorgeschichte“ des Begriffs in der Agrarwirtschaft vgl. Bernard Dionysius Geoghegan: After Kittler: On the Cultural Techniques of Recent German Media Theory. In: *Theory, Culture & Society* 30,6 (2013), S. 66–82.

12 Angela Fritz / Alexandra Suess: *Lesen. Die Bedeutung der Kulturtechnik Lesen für den gesamtgesellschaftlichen Kommunikationsprozeß*. Konstanz: UVK 1986, S. 11.

Kulturtechnisches vs. medientechnisches Apriori

Unmittelbar zum Auftakt des Vorworts stellt Kittler klar, auf welche Ebene und welche ‚Gegenstände' er mit dem Begriff der Aufschreibesysteme zielt:

> Das Wort Aufschreibesysteme [...] scheint ein gutes Wort, um Literaturgeschichte auf einer elementaren Ebene zu treiben – als Geschichte der Praktiken, deren Zusammenspiel eine Schriftkultur ausmacht. Thema sind also einfach Sprechen und Hören, Schreiben und Lesen.[13]

Damit sind unmittelbar Bezüge zu den zentralen Konzepten der aktuellen Kulturtechnikforschung aufgerufen: Erstens soll Kittlers Mediengeschichte der Literatur selbstverständlich keine Geschichte der literarischen Inhalte sein, aber selbst das Medium Buch stellt nicht das Objekt des finalen Erkenntnisinteresses dar, sondern die Praktiken, die eben der „Reifizierung von Apparaten und Substantiven"[14] vorausliegen. Zweitens geht es um das Zusammenspiel dieser Praktiken, also gerade um die Verschaltung dieser Praktiken zu Operationsketten mit generativer Wirkung.
Es stellt sich allerdings die Frage, wie man auf diese Praktiken zugreifen kann, besonders in historischer Perspektive. Kittler geht zunächst davon aus, dass „Zeichen und Reden [...] eine über die Individuen hinausgehende Vernetzung [bilden], die [...] rekonstruiert und d.h. auch wieder angeschrieben werden kann".[15] Das Kulturtechnikkonzept bietet nämlich eine Reihe von Vorteilen: „Kulturtechniken sind den Leuten nicht, wie etwa Produktionsbedingungen, aus faktischen oder ideologischen Gründen unzugänglich. Sie können andererseits, als Techniken der Lenkung und Programmierung von Leuten, auch nie nur individuell sein."[16] Der Beobachtung sind Kulturtechniken insofern zugänglich, als es sich bei ihnen um „sehr einfache und technische Handgreiflichkeiten"[17] wie Lesen und Schreiben handelt, die immer wieder Gegenstand von Selbstbeschreibungen, Poetologien und nicht zuletzt von (bildungs-)politischen Programmen sind. Die individuelle Aussage weist dabei aber immer über sich hinaus, da die Kulturtechniken sowohl kulturell geformt als auch kulturformend

13 Friedrich Kittler: Aufschreibesysteme 1800/1900. Vorwort. In: *Zeitschrift für Medienwissenschaft* 1 (2012), S. 117–126, hier S. 117.

14 Schüttpelz: Die medienanthropologische Kehre der Kulturtechniken, S. 87.

15 Kittler: Vorwort, S. 124.

16 Ebd., S. 126.

17 Ebd., S. 120.

sind. Lassen sich also Kongruenzen nachweisen, „beginnen die parallel geschalteten Texte einander auszulegen"[18] und erlauben den „Entwurf eines Organisationsplans für den Nachrichtenfluß, den wir Literatur nennen"[19]. Es sind daher die standardisierten, regelkreishaften „Entsprechungen [...] zwischen den Schreib- und Lesetechniken gleichzeitiger Literaturen und Wissenschaften"[20], die auf „Lese- und Schreibsituationen"[21] schließen lassen und den Stellenwert von „Individuen als Funktionsträgern"[22] in etablierten Aufschreibesystemen sichtbar werden lassen. Der systematische Vergleich zweier Netzwerke zu zwei historischen Zeitpunkten soll Kittler dazu dienen, anhand von „Daten und Belege[n] [...] diesseits von allem Meinen [einen] Umbruch in den Kulturtechniken selber"[23] nachzuweisen.

Eine erneute Lektüre auf dem aktuellen Stand der Kulturtechnikforschung, die diese Programmatik berücksichtigt, kann zeigen, dass in *Aufschreibesysteme* Kittlers vermeintliches medientechnisches Apriori als kulturtechnisches Apriori auszulegen ist. In den Blick rücken nämlich die „zyklischen Übersetzungsketten zwischen Zeichen, Personen und Dingen"[24], d.h. die „Ketten von Operationen[, die] den Medienbegriffen, die aus ihnen generiert werden, vorausgehen"[25]. Es geht also um das Apriori gerade auch der Medien: „The methodological specificity of research on Kulturtechniken is its emphasis on the configurations of instruments, practices, and signs that comprise the a priori of a given technical and cultural system. This is not media archaeology but rather an archaeology of media."[26] Bei der Behauptung eines kulturtechnischen Apriori handelt es sich aber nicht um die Behauptung einer chronologischen oder transzendentalen Vorgängigkeit, sondern um den heuristischen Vorgriff einer logischen Vorgängigkeit von Operationsketten, die in Aussicht stellt, einzelne Relationen von Elementen dingfest zu machen. Für Kittlers Literaturgeschichte wie

18 Kittler: Vorwort, S. 124.

19 Ebd., S. 117.

20 Ebd., S. 123.

21 Ebd., S. 124.

22 Ebd., S. 119.

23 Ebd.

24 Harun Maye: Was ist eine Kulturtechnik? In: *Zeitschrift für Medien- und Kulturforschung* 1 (2010), S. 121–135, hier S. 121.

25 Bernhard Siegert: Kulturtechnik. In: Harun Maye / Leander Scholz (Hrsg.): *Einführung in die Kulturwissenschaft*. München: Fink 2011, S. 95–118, hier S. 97–98.

26 Geoghegan: After Kittler, S. 70.

für jede Untersuchung, die sich „als Teil der Geschichte von Kulturtechniken und Datenverarbeitungsmaschinen“[27] begreift, setzt dieser komplexe Sachverhalt eine „Methode [voraus], die nach Maßgabe ihres Gegenstandes vorgeht“[28]. Erforderlich wird also ein Blick in Kittlers Werkzeugkasten.

Informationstheoretischer Materialismus

In methodischer Hinsicht stellt sich *Aufschreibesysteme* vor allem in die Tradition von Michel Foucaults Archäologie des Wissens und seiner Diskursanalyse. Kittler reiht sich damit in das maßgeblich von französischen Theorien unterstützte Gegenprogramm zur Hermeneutik ein. Foucaults Verfahren bietet sich ihm vor allem deshalb an, weil es „Systeme als Systeme, also von außen und nicht bloß in interpretatorischer Immanenz“[29] beschreibt und die so beschriebenen Diskursformationen einander vergleichend gegenüberstellt. Eine grundlegende Aktualisierung scheint Kittler gleichwohl unumgänglich, da Foucault die Archäologie nicht auf den „erreichten technischen Stand“[30] gebracht habe: „Archäologien der Gegenwart müssen auch Datenspeicherung, -übertragung und -berechnung in technischen Medien zur Kenntnis nehmen.“[31] Neue Anwendungsfelder sind also zu erschließen, was jedoch zugleich eine methodische Erweiterung erfordert. Die Möglichkeit dazu bietet sich Kittler in Claude E. Shannons und Warren Weavers *Mathematical Theory of Communication* von 1948 – der Informationstheorie, die sich mit den formalen Bedingungen von Nachrichtenübertragung befasste. Sie versprach nicht weniger als „eine so allgemeine Theorie [zu sein], daß man nicht zu sagen braucht, welche Art von Zeichen betrachtet werden“[32]. Diesen Allgemeingültigkeitsanspruch und die methodisch zentrale Tatsache, dass „ein technischer Begriff von Information [...] jede Bezugnahme auf Ideen oder Bedeutungen, damit aber auch auf Menschen unterläuft“, nimmt Kittler zum „Anlaß, Kommunikationssysteme wie Informationssysteme

27 Kittler: Vorwort, S. 126.

28 Ebd., S. 117.

29 Kittler: *Aufschreibesysteme 1800/1900*, S. 501.

30 Ebd.

31 Ebd.

32 Warren Weaver: Ein aktueller Beitrag zur mathematischen Theorie der Kommunikation. In: Claude E. Shannon / Warren Weaver (Hrsg.): *Mathematische Grundlagen der Informationstheorie.* Wien / München: Oldenbourg 1976, S. 11–39, hier S. 36.

zu analysieren. Auch Kommunikation hängt schließlich von Steuersignalen ab"[33]. Er findet hier ein geeignetes Werkzeug, um die Positivität von nicht nur – aber eben auch – Schrift sowie digitalen Medien zu erfassen: „Jede Bibliothek und jeder Briefwechsel bezeugen, daß Speicherung und Übertragung im uralten Medium Alphabet dieselbe technische Positivität wie bei Computern auch haben."[34] Die Verknüpfung mit der Archäologie fängt umgekehrt auf, dass Shannon / Weavers „elegante[s] Modell [...], schon weil es keinerlei historischen Ehrgeiz hat, auf die faktische Geschichte der Kommunikationstechniken nicht einfach angewendet werden"[35] kann. Dessen historiografischer Nutzen besteht für Kittler nichtsdestotrotz – gerade vor dem Hintergrund von Foucaults Verfahren – vor allem darin, dass es nicht nur die formale Beschreibung von Kommunikationsnetzen, sondern auch deren Vergleich erlaubt:

> Quelle, Sender, Kanal, Empfänger und Senke von Datenströmen, also Shannons fünf Funktionen, können von unterschiedlichen Instanzen besetzt oder auch offengelassen sein: von Männern oder Frauen, Rhetoren oder Dichtern, Philosophen oder Psychoanalytikern, Universitäten oder Technischen Hochschulen. Wo die Interpretation mit Konstanten arbeitet, führt der Systemvergleich Variabeln [sic] ein.[36]

Es fällt auf: Sein Ansatz – zumindest in *Aufschreibesysteme* – ist auf jeden Fall technizistisch, aber, wie die Aufzählung zeigt, noch nicht einmal technikzentriert.[37] Kittler selbst spricht von „informationstheoretische[m] Materialismus"[38]: Dieser Materialismus beschreibt – als technifizierte Archäologie – Aussagen in ihrer Äußerlichkeit als Teil von Nachrichtennetzen und deren Verbund als Aufschreibesystem, das tatsächlich das Bewusstsein der Schreibenden und Lesenden bestimmt. Zur Diskussion der Frage nach einem Technikapriorismus bzw. -determinismus bedarf es nun eines Blicks auf den Text und seine temporale Struktur.

33 Friedrich Kittler: Geschichte der Kommunikationsmedien. In: Jörg Huber / Alois Martin Müller (Hrsg.): *Raum und Verfahren.* Basel / Frankfurt am Main: Stroemfeld 1993, S. 169–188, hier S. 170.

34 Kittler: *Aufschreibesysteme 1800/1900*, S. 502.

35 Kittler: Geschichte der Kommunikationsmedien, S. 171.

36 Kittler: *Aufschreibesysteme 1800/1900*, S. 502.

37 Vgl. Hartmut Winkler: Die prekäre Rolle der Technik. Technikzentrierte versus ‚anthropologische' Mediengeschichtsschreibung. In: Claus Pias (Hrsg.): *dreizehn vortraege zur medienkultur.* Weimar: VDG 1999, S. 221–238.

38 Friedrich Kittler: Real Time Analysis, Time Axis Manipulation. In: Ders.: *Draculas Vermächtnis. Technische Schriften.* Leipzig: Reclam, S. 182–208, hier S. 182.

Zeit der Aussagen / Zeit der Darstellung

Auch hier ist die Tradition, in der Kittler steht, augenfällig: Auf der Suche nach dem historischen Apriori von Diskursformationen unterzog Foucault diese einer scheinbar synchronisierenden Beschreibung, die „die zeitlichen Serien, die sich darin manifestieren können, außer Acht [lässt]; sie sucht allgemeine Regeln, die gleichermaßen auf dieselbe Weise zu allen Zeitpunkten gelten."[39] Der Chronologie, so der Eindruck, bedarf sie „einzig um an den Grenzen der Positivitäten zwei Klammerungspunkte anzubringen"[40]. Diese Form der Beschreibung übernimmt Kittler, indem er „Momentaufnahmen" der „allgemeine[n] Alphabetisierung um 1800 und [der] technische[n] Datenspeicherung um 1900"[41] kontrastiert und die Quellen, die in einem Zeitfenster von ±15 Jahren um die gewählte Jahrhundertgrenze liegen, als synchrones System behandelt.

Nun betont Foucault jedoch, dass es sich bei dieser Synchronizität nur um eine scheinbare handelt. Zwar verwehrt sich die Archäologie des Wissens einem Historizitätsmodell, das einer strikt linearen – sei es physikalischen oder teleologischen – Zeitlichkeit folgt, „worin die Ereignisse aufeinanderfolgen, trotz Auswirkungen des Zusammenfalls und der Überlagerung"[42]. Daraus folgt aber noch keine ahistorische Perspektive in dem Sinne, die „Zeit erstarren zu lassen und an die Stelle ihres Ereignisflusses Korrelationen zu setzen, die eine unbewegliche Figur zeichnen"[43]. Vielmehr fragt die Archäologie nach den „*zeitlichen Vektoren der Ableitung*"[44] zwischen den synchronen Aussagen. „In anderen Worten, die archäologische Verzweigung der Formationsregeln ist kein einförmig gleichzeitiger Raster: es gibt Beziehungen, Verzweigungen und Ableitungen, die zeitlich neutral sind; es gibt andere, die eine bestimmte zeitliche Richtung implizieren."[45] Foucault beschreibt also die synchronen temporalen Verhältnisse zwischen Aussagen und Diskursen als das, was sie sind: „Auswirkungen

39 Michel Foucault: *Archäologie des Wissens*. Frankfurt am Main: Suhrkamp 1981, S. 236.

40 Ebd.

41 Kittler: *Aufschreibesysteme 1800/1900*, S. 502.

42 Foucault: *Archäologie des Wissens*, S. 240.

43 Ebd.

44 Ebd.

45 Ebd., S. 239.

des Zusammenfalls und der Überlagerung“[46] verschiedener Zeiten. Historischen Wandel kann die Archäologie daher nur über Vergleich diskursiver Formationen konstatieren: „Das heißt, sie muß sie in der Gleichzeitigkeit, in der sie sich präsentieren, konfrontieren und sie einander gegenüberstellen, sie von denen unterscheiden, die nicht dieselbe Zeitrechnung haben, […] um mittels Vergleich de[r]en zeitliche Grenzen zu ziehen.“[47]

Kittler betrachtet Texte entsprechend nicht über ihre Inhalte, sondern beschreibt ihre äußerliche Gegebenheit als Teil eines Nachrichtennetzes. Und als solcher haben Texte, „wie sich pragmalinguistisch zeigen lässt, grundsätzlich Ränder, die sie in einen Nachrichtenfluss eingliedern“[48] und in ein Verhältnis zu anderen Texten treten lassen. Zur Feststellung solcher Ränder bedarf es daher einer weitestgehend äußerlichen Beschreibungsform. Kittler findet sie im Kommentar:

> My explicit intention was to write a book bottom up rather than top down. For example, I began with a series of quotations that I had typed out. Then I commented on the quotations before bringing both the quotations and my comments together in order to produce a running story out of the whole, using Shannon's model.[49]

Auch die Archäologie sollte also nicht der Transparenzillusion verfallen, die Quellen sprächen von sich aus. Der Kommentar, der vordergründig das Ausgesagte nur zu wiederholen und zu erläutern scheint, produziert als Überschuss vielmehr „eine Referentialität, in der der Text [der Quelle, M.K. / C.K.] über nichts anderes spricht als über Übertragungsprozesse: wie geschrieben wird, wie gelesen wird, wie halluziniert wird“[50] – jene Ableitungs- und Entsprechungsverhältnisse also, die zwischen den Texten und den Kulturtechniken, von denen die Texte sprechen, bestehen. Der das Beschreiben der Quelle beschreibende Kommentar wird damit zum Instrument einer „‚recursive history‘, where the same issue is taken up again and again at regular intervals but with different connotations and results.“[51]

46 Foucault: *Archäologie des Wissens*, S. 240.

47 Ebd., S. 224.

48 Kittler: Vorwort, S. 121.

49 Armitage: From Discourse Networks to Cultural Mathematics, S. 21.

50 Eva Horn: Maschine und Labyrinth. Friedrich Kittlers ‚Aufschreibesysteme 1800/1900‘. In: Walter Seitter / Michaela Ott (Hrsg.): *Friedrich Kittler. Technik oder Kunst?* Wetzlar: Tumult 2012, S. 13–23, hier S. 20.

51 Armitage: From Discourse Networks to Cultural Mathematics, S. 33.

Kein historiografisches Objektivitätsideal prägt diese Arbeit; vielmehr „befindet sich die archäologische Untersuchung immer im Plural“[52].

Eine „„running story““[53] entsteht sodann durch den Einsatz des informationstheoretischen Modells. Dessen fünf Funktionen von der Quelle bis zum Nachrichtenziel dienen also dazu, die beschriebenen Übertragungsprozesse historiografisch als Nachrichtennetz darzustellen. Diese Verwendung des Modells tritt jener zugunsten eines formalen Vergleichs von diskursiven Formationen zur Seite. Und tatsächlich bietet die Informationstheorie nicht bloß den Beschreibungsrahmen für eine technizistische Mediengeschichte der Literatur. Das Kommunikationsmodell stellt gleichzeitig das Strukturmodell für die Textform von *Aufschreibesysteme* dar:

> Ich habe im Grunde die Geschichte von Mutter, Dichtung, Philosophie um 1800 linearisiert: Die Mutter generiert die Masse an Wörtern, die Dichtung nimmt sie auf und macht sie zu Werken und die Philosophie liest den gesamten Output dieser Produktion nochmals als Theorie. Ich malte das Ganze wie eine Schaltung an mir an, es lag dann halt auch nahe, dass plötzlich technische Metaphern oder Wörter wie ‚Rückkopplungen‘ im Vokabular auftauchen. Es sollten aber nicht bloß technische Metaphern sein, sondern ich versuchte die grossen Blöcke des Textes auf diese Weise zu strukturieren.[54]

Kittler führt hier am Beispiel des Aufschreibesystems 1800 das spezifische Niveau der Abfolgen auf, durch die das Kommunikationsnetz des Proto-Deutschlands um 1800 ausgezeichnet ist. Die Lautiermethode und die pädagogische Hervorbringung der Mutter als Erziehende machen Kinder sprechen und Dichter schreiben, und Philosophen verschaffen dieser Produktion ihren transzendentalen Überbau. So weit, so linear: vom Sender zum Empfänger. Wie steht nun aber die Rede von der Linearisierung zum Anspruch eines vergleichenden Verfahrens? Und sollte es bei Kulturtechniken nicht um Interaktionen zwischen Artefakten und Menschen gehen, „die durch lineare Abläufe (Sender/Empfänger) nicht mehr hinreichend beschrieben werden“[55] können?

Entscheidend ist diesbezüglich, dass die von Kittler beschriebenen Aufschreibesysteme nicht in der einen großen linearisierten Schaltung

52 Foucault: *Archäologie des Wissens*, S. 224.

53 Armitage: From Discourse Networks to Cultural Mathematics, S. 21.

54 Friedrich Kittler: *Platz der Luftbrücke. Ein Gespräch mit Stefan Banz*. Nürnberg: Verlag für moderne Kunst 2011, S. 62.

55 Maye: Was ist eine Kulturtechnik?, S. 135.

aufgehen, sondern von Rückkopplungsschleifen durchsetzt sind, die ihre Elemente netzwerkförmig miteinander verbinden. Genauso wie die Regeln von Foucaults historischem Apriori sich nicht von außen den Elementen einer Diskursformation auferlegen, sondern „sie genau in das einbezogen [sind], was sie verbinden“[56], ist auch Kittlers Apriori – eben als kulturtechnisches – in das Netzwerk einbezogen, das es verbindet. Und erst in dieser Verbindung, dieser Funktion einer „Vorgängigkeit der Operationsketten vor allen beteiligten Menschen, Dingen und Medien“[57], bringt es die an einem Aufschreibesystem beteiligten Instanzen hervor. Deutlich wird dies dort, wo heterogene Praktiken anhand diskursiver Positivitäten aufeinander transparent gemacht werden können; in jener Weise also, wie Kittler es am Verhältnis der Praktiken des Hörens, Sprechens, Lesens und Schreibens im Aufschreibesystem von 1800 demonstriert. Hier sind „alle am Verstehen beteiligten Nachrichtenkanäle“[58] in ganz und gar nicht linearer Weise zusammengeschaltet: Pädagogen erschaffen Die Mutter (im Singular) als primäre Sozialisationsinstanz von Kindern und geben ihnen Lesefibeln zur „Normierung der Münder“[59] an die Hand – Mütter (im Plural) lautieren, lehren Kinder also sprechend sprechen – Dichter halluzinieren Stimmen zwischen den Zeilen und erschaffen Die Frau (im Singular) als transzendentales Signifikat, über das sie schreiben – Frauen (im Plural) lesen Dichter und erschaffen das Liebesobjekt Autor – Dichter rekrutieren Leserinnen, indem sie um das Schreiben selbst herum schreiben und so eine hermeneutische Leerstelle schaffen – Bildungsanstalten formen Autoren aus Lesern mittels Lektüretagebüchern – alphabetisierte Schüler schreiben Aufsätze über Dichtung – Philosophen interpretieren Dichter und werden selbst philosophische Literaten.

Diese Aufzählung zeigt: Kittlers Kulturtechniken sind rekursiv aufeinander bezogen.[60] „Das Schreiben über die Erlernung von Lesen und Schreiben ist eine große Rückkopplungsschleife.“[61] Aber auch die restlichen Elemente, deren Referenz nicht der lehrende Muttermund ist,

56 Foucault: *Archäologie des Wissens*, S. 185.

57 Maye: Was ist eine Kulturtechnik?, S. 132.

58 Kittler: *Aufschreibesysteme 1800/1900*, S. 29.

59 Ebd., S. 47.

60 Vgl. Maye: Was ist eine Kulturtechnik?, S. 127; Schüttpelz: Die medienanthropologische Kehre der Kulturtechniken.

61 Kittler: *Aufschreibesysteme 1800/1900*, S. 66.

sind durch eine Reihe von positiven und negativen Rückkopplungen miteinander in Beziehung gesetzt, deren Effekte das Aufschreibesystem überhaupt erst stabilisieren: „An die Stelle der Gegenkopplung, die den Output der Pädagogik wieder in ihren Ursprung verschlingt, treten Mitkopplungen zwischen Autoren und Lesern und damit eine programmierte Zirkulation, die andere als Die Mutter angeht.“[62] Mit anderen Worten: Die pädagogische und sprachdidaktische Beziehung zwischen Mutter und Kind steht neben anderen diskursiven Beziehungen, in denen es nicht um Die Mutter, sondern etwa um Die Frau, Die Natur oder Das Werk geht. Sie schließen sich jedoch zu einem Aufschreibesystem zusammen, weil sie „[w]irkungspoetische Programme [sind], die allesamt ein Lesenkönnen reiner Signifikate voraussetzen.“[63]
Kittler erzählt also zugleich eine lineare und eine rekursive Geschichte: Auf der einen Seite stehen Die Mutter und die Oralisierung der Alphabetisierung (Muttermund) am Anfang des „Wandel[s] in der Materialität der kulturalisierenden Reden“[64]. Daraus leitet sich ab, dass erstens die poetische Produktion als reiner Ausdruck von Seele bzw. als hermeneutische Exegese des Signifikats Frau/Mutter geschrieben und dass zweitens diese Produktion von Philosophen wiederum hermeneutisch als Exegese des Werks gelesen werden kann. Auf der anderen Seite zeigt die synchrone Beschreibung, dass die vielen „mitgekoppelte[n] Schaltkreise“[65] einander fortlaufend gegenseitig adressieren und hervorbringen – der vermeintliche Ursprung konstituiert sich somit erst in diesen Schleifen.

Kein Anfang, nirgends…

Das Buch der Dichtung um 1800 stellt dabei die diskursive Mitte all dieser Praxen dar: „Poetische Texte sind eben darin auf dem technologischen Epochenstand, daß sie wie keine sonst die alphabetisierten Körper ‚anschreiben‘ und ausnutzen. Sie operieren auf der Ansprechschwelle selber […].“[66] Dichtung wird zum „ersten Medium im modernen Sinne“[67], weil sie alle alphabetisierten Körper auf

62 Ebd., S. 86.
63 Ebd., S. 141.
64 Ebd., S. 37.
65 Ebd., S. 76.
66 Ebd., S. 145.
67 Ebd., S. 147.

Hermeneutik programmiert: „Verstehen – vorstellen – Bilder halluzinieren: massiver könnte Hermeneutik ihre phantasmagorische Medialität nicht hervorkehren.“[68] Wichtig ist: Es stellt die Mitte, nicht das Apriori dar, denn die Kopplungen zwischen Autoren/Lesern, Leserinnen/Dichtern oder Dichtung/Philosophie werden, wie gesehen, durch die für das Aufschreibesystem 1800 spezifische Ausprägung der Kulturtechniken Schreiben und Lesen ermöglicht.

Dies muss jene Kittler-Lektüren, die vom medientechnischen Apriori sprechen, irritieren: Das Buch der Dichtung nimmt nämlich keine Form an, die materiell groß von der des Buches der Literatur im Aufschreibesystem 1900 unterschieden wäre. Wie könnte ein mediendeterministischer Kittler dann aber die Unterschiedlichkeit beider Aufschreibesysteme erklären? Die Antwort muss dieser Perspektive entgehen: Es sind die Kulturtechniken, die um 1800 Pädagogik, Dichtung, Beamtentum und Philosophie in Übertragungsprozesse miteinander treten lassen, sodass sie jeweils „das Interface zum anderen System“[69] bereitstellen. Es sind also nicht die die Praxen substantivierenden Instanzen „Schrift“ und „Buch“, sondern die mittels Verben hervorgehobenen Operationsketten von „Schreiben“ und „Lesen“, die das Aufschreibesystem konstituieren: Aus Praxen hervorgehend, orientiert es zugleich die kulturtechnische Lage der Hörenden, Sprechenden und Schreibenden und zeigt sich so als verteiltes Subjekt der Geschichte.

68 Kittler: *Aufschreibesysteme 1800/1900*, S. 142.
69 Kittler: Vorwort, S. 121.

Strategischer Essentialismus als Wiederaneignung von Geschichte

Die Ethnisierung der Indigenenbewegung in Ecuador als Prozess der Subjektwerdung

Philipp Altmann

Als am 28. Mai 1990 eine Gruppe von indigenen Bauern die Kirche Santo Domingo in Quito – eine der bekanntesten Kirchen Ecuadors – besetzte und damit die ‚nationale Indigenenerhebung des Inti Raymi'[1] begann, war die ecuadorianische Öffentlichkeit vollkommen überrascht. Nicht nur hatte man keine koordinierte Aktion auf derart hohem Niveau von den Indigenen erwartet – die Indigenen fanden in der öffentlichen Wahrnehmung meist einfach nicht statt. Umso eindrucksvoller war für viele, dass die Aktionen des Inti Raymi mit einem komplexen und kohärenten Diskurs und einer Reihe eindeutiger Forderungen verbunden waren. Bereits am ersten Tag überreichten die Besetzer[2] der Kirche dem Präsidenten der Republik einen Brief, in dem sie sich auf „die Geschichte von 500 Jahren Widerstand der Indio-Nationalitäten und der Volksbewegung gegen den Kolonialismus und den Neokolonialismus"[3] bezogen. Im selben Schreiben machten sie deutlich, dass sie sich schon mehrfach an die Regierung gewendet hatten – ohne einer Lösung näher zu kommen. Die zentralen Forderungen in diesem Text sind die Anerkennung Ecuadors als plurinationales Land – noch ohne weitere Definition dieses Begriffes – und die Festschreibung eines Rechts auf Selbstbestimmung für die indigenen Völker.

Auch die eigentlichen Aktionen der nationalen Indigenenerhebung, die sich auf die Tage vom 4. bis 6. Juni 1990 konzentrierten und vor allem aus Märschen und Besetzungen von Straßen und Plätzen durch viele tausend Indigene bestanden, wurden von einer Liste öffentlicher Forderungen begleitet, den *16 Vorschlägen und Forderungen der*

1 Inti Raymi ist das traditionelle Sonnenfest der Inka.

2 Zur einfacheren Lektüre wird durchgehend die maskuline Form verwendet. Es sind jeweils alle Geschlechter gemeint.

3 Coordinadora Popular, zit. in: Jorge León: *De campesinos a ciudadanos diferentes. El levantamiento indígena.* Quito: Abya-Yala 1994, S. 90.

CONAIE[4] – auch als *Mandat für die Verteidigung des Lebens und der Rechte der indigenen Nationalitäten* bekannt –, die am 6. Juni vorgestellt wurden. Diese Vorschläge enthalten ethnische Forderungen nach einem Ende der Diskriminierung, staatsbürgerliche Forderungen nach Gleichheit und klassenbasierte Forderungen nach Zugang zu Land und Produktionsmitteln.[5] Vor allem die ethnischen Forderungen nach Autonomie und dem Aufbau eines plurinationalen Staates[6] erregten viel Widerspruch – eine Art von Widerspruch, der die gesellschaftliche Position der Indigenen in Ecuador deutlich macht.

Jorge León hat eine Auswahl von Presseartikeln und Kommentaren zusammengetragen, die die öffentliche Meinung zur Zeit der Erhebung des Inti Raymi 1990 wahrscheinlich gut wiedergeben. Fabián Corral, Redakteur der größten Zeitung Quitos, *El Comercio*, hat in zwei Artikeln von Juni und September 1990 seine Sorge zum Ausdruck gebracht, die Forderungen der Indigenenbewegung würden „einen neuen Partikularismus [bedeuten], der sich darauf richtet, den sozialen Zusammenhalt zu zerstören“[7]. Corral erkennt in der Forderung der Plurinationalität eine Infragestellung der *mestizaje*. Für ihn ist der Kampf für Autonomie und Selbstbestimmung der Indigenen als „Drang“ zu verstehen, „die Geschichte zu ignorieren, fünfhundert Jahre mestizaje auszulöschen und zum 15. Jahrhundert zurückzukehren.“[8] Diese Ideologie der *mestizaje* bezieht sich auf die kulturelle und biologische Mischung zwischen Indigenen und Europäern – vor allem Spaniern – zur Zeit der Kolonie, also zwischen dem 16. und dem 19. Jahrhundert. Die nachkolonialen Republiken Lateinamerikas haben sich und ihre Bevölkerung als mestizisch definiert, auch um sich von Spanien und seinem Einfluss trennen zu können. Dabei werden die Indigenen, mithin Ausgangspunkt der *mestizaje*, als Relikte der Vergangenheit gesehen, die im Laufe der Zeit aussterben oder ebenfalls *mestizos* werden. Ein anderer Artikel in *El Comercio*, von Diego Romero Anda am 24. Juni 1990 veröffentlicht, macht diese rassistische Sicht auf die Indigenen – und damit die Indigenenbewegung – deutlich.

4 Confederación de Nacionalidades Indígenas del Ecuador (Konföderation indigener Nationalitäten Ecuadors).

5 León: *De campesinoss*, S. 61.

6 Ebd., S. 19.

7 Corral, zit. in León: *De campesinos*, S. 34.

8 Ebd., S. 35.

> Jetzt haben bestimmte Organisationen, die sich von der Vernunft verdrängt sehen, begonnen, die indigene Bevölkerung zu erheben, die in ihrer Mehrheit analphabetisch, unproduktiv und eine Last für die ecuadorianische Gesellschaft ist, mit Absichten, die man klar sehen kann, ihre Unwissenheit auszunutzen, um die Geldsummen aus dem Ausland zu begründen [...].[9]

Entgegen dieser weit verbreiteten Ansicht konnten die Indigenen in Ecuador schon seit den 1920ern ein politisches Bewusstsein bilden und entsprechende Organisationen aufbauen. Der Prozess, ein kollektives und politisches Subjekt zu werden, war für sie in einer von Rassismus, Ausgrenzung und Ignoranz geprägten Atmosphäre schwierig – Sichtbarkeit war bis zum Inti Raymi 1990 ein zentrales Thema und ist es noch. Auf der anderen Seite hat die beinahe kastenförmige Strukturierung der Gesellschaft bis Mitte des 20. Jahrhunderts die Organisierung entlang ethnischer Linien auch erleichtert. Eine systematische Kooptation oder Einbindung der Indigenen in die mestizischen Strukturen, Institutionen und Parteien war lange Zeit undenkbar. Somit konnte sich die Indigenenbewegung in einem Freiraum entwickeln, der Zugriffe der nicht-Indigenen nur als Zugriffe von außen kannte.

Die Subjektwerdung der ecuadorianischen Indigenen als politisches Subjekt in der Indigenenbewegung war und ist mit einer dreifachen Politik verbunden: einer Namenspolitik, einer Politik der Sichtbarkeit und einem Komplex von Politiken, der hier Ethnopolitik heißen wird. Namenspolitik bezieht sich auf die politische Verwendung der Namen der verschiedenen ethnischen Gruppen durch bestimmte Organisationen im Sinne von Jane Jenson, die die indigene Bewegung Kanadas als soziale Bewegung untersucht hat.[10] Die Politik der Sichtbarkeit meint die strategischen Bemühungen und konkreten Aktionen der Indigenenbewegung, als soziale Bewegung und als Bevölkerungsgruppe in der Öffentlichkeit präsent zu sein. Ethnopolitik wiederum bezieht sich hier – im Gegensatz zu ihrem Ursprung im Kontext der Konservativen Revolution der Weimarer Republik – auf Politiken, die sich auf kollektive Rechte, Selbstbestimmung, Erhaltung usw. der indigenen Gruppen richten. Die folgende Untersuchung der Subjektwerdung der ecuadorianischen Indigenenbewegung über

9 Romero, zit. in León: *De campesinos*, S. 37.

10 Jane Jenson: What's in a Name? Nationalist Movements and Public Discourse. In: Hank Johnston / Bert Klandermans (Hrsg.): *Social Movements and Culture*. Minneapolis: University of Minnesota Press 1995, S. 107–126.

eine dem strategischen Essentialismus[11] verpflichtete Ethnisierung und Wiederaneignung von Geschichte wird sich an diesen Politiken ausrichten.

Die Indigenenbewegung in Ecuador als klassenbasierte soziale Bewegung

Die Indigenenbewegung in Ecuador formierte sich als soziale Bewegung im modernen Sinn ab Mitte der 1920er mit der Gründung einer Reihe von lokalen Gewerkschaften auf meist staatlichen *haciendas*. Diese Gewerkschaften kämpften für Arbeiterrechte, Landverteilung und das Ende der semi-feudalen Institution der *huasipungaje*[12] – ein System, in dem jede Familie auf dem Gebiet der *hacienda* ein Stück Land im Austausch gegen festgeschriebene Arbeitsleistungen selbst bearbeiten durfte.[13] Sie standen von Beginn an in enger Beziehung zu der sich in Gründung befindlichen Sozialistischen Partei (1926 vollendet) und erhielten von dieser Unterstützung – ohne dass es eine eindeutige Abhängigkeitsbeziehung gab.[14]

1944 wurde von diesen lokalen Gewerkschaften die kommunistisch geprägte FEI[15] als Organisation der Indigenen und Landarbeiter gegründet. Die FEI war die erste nationale Indigenenorganisation – obwohl ihre Reichweite von Beginn an reduziert war. So konnte sie sich nie außerhalb des Andenhochlands etablieren. Trotz dieser Beschränkungen wurde sie in den nächsten Jahrzehnten ein wichtiger Akteur im Kampf für die Rechte und Interessen der Indigenen im ecuadorianischen Hochland.[16]

Die FEI begründete die bereits skizzierte dreifache Subjektivierungspolitik, deren Grundlagen die Indigenenbewegung bis heute beeinflussen. Obwohl sie auf nicht-ethnische Inhalte konzentriert blieb und eine politische Konzeptualisierung von Ethnizität nur in

11 Gemeint ist der strategische Einsatz von Ethnizität, um nicht-ethnisch begründete Ziele zu erreichen.

12 Eine fiktionale, aber dennoch authentische Beschreibung dieses Systems findet sich im Roman *Huasipungo* von Jorge Icaza, im Original: *Huasipungo.* Madrid: Cátedra 2007, deutsch: *Huasipungo. Unser kleines Stückchen Erde.* Göttingen: Lamuv 1994.

13 Marc Becker / Silvia Tutillo: *Historia agraria y social de Cayambe.* Quito: Abya Yala 2009, S. 96–99. Dieses System ist auch als huasicama bekannt.

14 Ebd., S. 128.

15 Federación Ecuatoriana de Indios (Ecuadorianische Indio-Föderation).

16 Marc Becker: Class and Ethnicity in the Canton of Cayambe: The Roots of Ecuador's Modern Indian Movement. Ph.D. University of Kansas 1997, S. 253. http://www.yachana.org/research/diss.pdf (Zugriff am 22.01.2014).

Grundzügen erfolgte, kann man in dieser dreifachen Politik bereits einige Elemente eines strategischen Essentialismus sehen.
Im Bereich der Namenspolitik ist eine mehrfache Strategie zu beobachten. Zuerst ist die Selbstbezeichnung als Indigene oder Indios schon in den Namen der Organisationen von großer Bedeutung – verwiesen sei auf die FEI selbst. Dieser Bezug auf die koloniale Erfahrung und die Konstitution einer antikolonialen und über-ethnischen Identität – schließlich markiert der Begriff Indio oder Indigener nichts als die Differenz zu den Europäern und reduziert dadurch die ethnischen Unterschiede zwischen den indigenen Völkern – „ist ein Weg, Solidarität über viele Nationen, Völker, und ländliche und städtische Gebiete hinweg zu erzeugen."[17] Die Verwendung des ethnischen Markers ‚Indio' hatte und hat aber auch abstraktere Effekte.

> Mit dem Hervorheben der ethnischen Komponente forderten sie [die Organisationen der Indigenenbewegung, P.A.] sowohl den liberalen Diskurs heraus, der eine Gesellschaft ohne Farbe erzeugen wollte, als auch das marxistische Dogma, das den Schwerpunkt auf eine klassenbasierte Interpretation der Gesellschaft legte.[18]

In diesem Sinne überraschen die frühen Bezüge auf eine pan-indigene Identität durch die FEI wenig. Auch wenn der Einfluss dieses Diskurses auf die tatsächlichen Forderungen der Indigenenbewegung zu dieser Zeit gering blieb, so mag er doch einige mögliche Anschlusspunkte erahnen lassen, die die nationale Indigenenorganisation aufbauen wollte[19] – auch wenn sie sich schließlich nicht umsetzen ließen.
Die zweite Strategie ist die Einführung des Begriffs der indigenen Nationalitäten in den Diskurs der Indigenenbewegung. Ein zentraler Akteur dieser begrifflichen Innovation war die Kommunistische Internationale, die in den frühen 1930ern den Kampf der Indigenen als nationalen Befreiungskampf konzeptualisierte und über eine Aufnahme der Forderung nach Selbstbestimmung der Indigenen in den Diskurs der verschiedenen KPs eine Verbindung zwischen urbanem Proletariat und ländlichen Indigenen anstrebte. „Indigene Nationalitäten waren der Schlüssel dazu, wie die Komintern ihren Kampf in den Anden verstand."[20] So wurde dieser Begriff in den Diskurs

17 Jenson: What's in a Name?, S. 112.

18 Becker / Tutillo: *Historia agraria*, S. 138.

19 Ebd., S. 140.

20 Marc Becker: Indigenous Movements from Oppressed Nationalities to an Ethno-Nationalist Discourse. In: Christine Hunefeldt / Leon Zamosc (Hrsg.): *Ethnicity from Various Angles and Through Varied Lenses*. Brighton: Sussex 2011, S. 192–208, hier S. 195.

sowohl der Kommunistischen Partei als auch in den der entstehenden Indigenenorganisationen übernommen.[21] Zentral ist hier die Konstruktion einer Vergangenheit der indigenen Nationalitäten[22], die sich in sozialen Strukturen, der Sprache und Gebräuchen ausdrückt – in „nationalen Elementen“[23]. In diesem Zusammenhang wird die dritte Strategie der Namenspolitik sichtbar: die „Ablehnung der von den Kolonisierern auferlegten Namen.“[24] Die ständige Wiederholung der tatsächlichen Namen der indigenen Völker und damit die Ablehnung der oft rassistischen Fremdbezeichnungen wurde eine politische Strategie.[25]

Die Politik der Sichtbarkeit der frühen Indigenenbewegung scheint relativ wenig entwickelt zu sein und beschränkt sich in erster Linie auf die reine Organisierung. Ihr wichtigstes Element waren wiederkehrende Mobilisierungen, vor allem Märsche, die die Indigenen als politische Akteure in das Bewusstsein der Öffentlichkeit brachten. Von besonderer Bedeutung ist der Marsch von 1961, der bis 1980 die größte Mobilisierung von Indigenen sein sollte. 12.000 Indigene und Kleinbauern zogen nach Quito, um ihren Forderungen nach einer Landreform Nachdruck zu verleihen. Als der Marsch in Quito ankam, setzte sich der damalige Präsident Carlos Julio Arosemena Monroy mit einigen seiner Minister an die Spitze und versprach bei einer anschließenden Kundgebung die baldige Durchführung der Landreform und eine allgemeine Verbesserung der Situation der Indigenen.[26] Ein Militärputsch kam der Umsetzung dieser Versprechen zuvor.

Im Bereich der Ethnopolitik war die Handlungsfähigkeit der frühen Indigenenbewegung durch ihre politische Ausrichtung als kommunistische Organisation beschränkt. Abgesehen von den Forderungen nach einem Ende des System der *huasipungaje*, dessen feudale Charakteristiken aus marxistischer Sicht die Entwicklung der Grundlagen für eine sozialistische Revolution behinderten, gab es eine weitere politische Anstrengung, die vor allem aus heutiger Perspektive bedeutend ist: Die frühe Indigenenbewegung war sehr engagiert im Aufbau von zweisprachigen Schulen in den indigenen Gebieten.

21 Becker: Indigenous Movements, S. 192.
22 Jenson: What's in a Name?, S. 107–108.
23 Becker: Indigenous Movements, S. 197.
24 Jenson: What's in a Name?, S. 112.
25 Becker: Indigenous Movements, S. 196.
26 Becker / Tutillo: *Historia agraria*, S. 203–206.

In Zusammenarbeit mit urbanen Frauenorganisationen wurden die ersten Schulen in Cayambe gegründet, um nicht nur eine bessere Ausbildung zu gewährleisten, sondern auch, um die indigenen Kulturen zu bewahren.[27]

In den 1960ern begann eine tiefe Krise der FEI, von der diese sich nicht wieder erholen sollte. Die Kommunistische Partei, die die FEI seit ihrem Entstehen teilweise kontrollierte, hatte schon in den frühen 1960ern die Schwächung ihrer Bemühungen auf dem Land diagnostiziert, konnte aber keine Lösung finden.[28] Die ansatzweise Erfüllung ihrer Hauptforderung, der Landreform, sollte die FEI um einen großen Teil ihres Mobilisierungspotenzials bringen[29] – und eine Neuorientierung der gesamten Indigenenbewegung einleiten. Tatsächlich fand 1964 im Rahmen der Allianz für den Fortschritt und auf Druck der FEI eine Agrarreform in Ecuador statt. Obwohl sie nur geringe Veränderungen mit sich brachte und daher allgemein als gescheitert angesehen wird, reduzierte vor allem die offizielle Abschaffung der *huasipungaje* – und damit die Erfüllung einer ihrer zentralen Forderungen – das Mobilisierungspotential der FEI.[30]

Die Schwächung der klassenbasierten und gewerkschaftlich ausgerichteten Organisationen in den 1960ern führte zu einer Ausbreitung ethnisch definierter Organisationen, die mit einem grundlegenden diskursiven Wandel verbunden war.[31]

Neue Perspektiven auf Ethnizität in der Sattelzeit[32] der 1970er

In den 1970ern fand auf lateinamerikanischer Ebene ein grundlegender Wandel in der Struktur und dem Diskurs der Indigenenbewegungen statt. Eine große Anzahl von explizit ethnischen indigenen Organisationen wurde gegründet, die bald zu wichtigen Akteuren innerhalb der sozialen Bewegungen in den verschiedenen Ländern wurden. Diese Veränderung hatte sich schon seit den 1960ern

27 Becker: Class and Ethnicity, S. 296.

28 Becker / Tutillo: *Historia agraria*, S. 156–157.

29 Ebd., S. 224.

30 Ebd., S. 212, 219, 225.

31 Becker: Class and Ethnicity, S. 310; Becker / Tutillo: *Historia agraria*, S. 224.

32 Der Begriff der Sattelzeit ist eine Entwendung vom Begriffshistoriker Reinhart Koselleck. Bei ihm bezeichnet er die Zeit zwischen Mitte des 18. und Mitte des 19. Jahrhunderts – die Zeit, in der die zentralen politischen Grundbegriffe der heutigen Zeit gebildet wurden.

abgezeichnet, wurde aber erst im Zuge einer Reihe von Kongressen seit 1970 deutlich.

Aus dieser neuen Perspektive ist die Beziehung zwischen der indigenen und der mestizischen Bevölkerung in Lateinamerika von Rassismus und Ausgrenzung geprägt. Wie der mexikanische Anthropologe Guillermo Bonfil Batalla – der an diesem Prozess direkt beteiligt war – schreibt: „eine koloniale Beziehung besteht weiter, unabhängig davon, dass man im ideologischen Überbau der Nationalgesellschaft offiziell jeden diskriminierenden Vorschlag ablehnt."[33] Dadurch wird die Politisierung der Ethnizität notwendigerweise zum Grundelement einer Dekolonisierung. Der Kampf für die politische Anerkennung der Ethnien als Gruppen mit einem Recht auf Autonomie ist einer „der Dekolonisierung, in der, dadurch, dass die Existenz und Legitimität der kolonisierten Völker bestärkt wird, man die Kolonisierung selbst ablehnt."[34] In diesem Zusammenhang wurde der ursprünglich marxistische Begriff der Nationalitäten wiederbelebt. Der Unterschied zwischen einer ethnischen Gruppe und einer Nationalität ist in dieser neuen Formulierung einer der politischen Sichtbarkeit und des politischen Bewusstseins.[35] Dialektisch ausgedrückt:

> die Nationalität ist eine Ethnie, die sich selbst angenommen hat und so eine kollektive politische Forderung erzeugt, die sie als solche verstärkt. Das heißt, […] eine Ethnie ist eine Nationalität *an sich*, die sich aber politisch *für sich* annehmen muss, wenn sie sich als Nationalität konstituieren will.[36]

Als Nationalität kann eine Ethnie Forderungen stellen, wie die nach Autonomie und Anerkennung als politischer Akteur innerhalb eines pluralistischen oder plurinationalen Staates.[37] Dieser „pluriethnische und plurinationale Staat der Zukunft"[38] wird dabei nicht als eine politische Utopie, sondern als umzusetzende Möglichkeit gesehen.

Der deutlichste Ausdruck dieser auch als Indianismus bekannten Denkströmung war der Erste Kongress der Indio-Bewegungen

33 Guillermo Bonfil Batalla: Las nuevas organizaciones indígenas. In: *Journal de la Société des Américanistes* 65 (1978), S. 209–219, hier S. 211.

34 Guillermo Bonfil Batalla: Sobre la liberación del Indio. In: *Nueva Antropología* 8 (1977), S. 95–101, hier S. 98.

35 Ebd., S. 97.

36 Alicia Barabas / Miguel Bartolomé: Presentación (las dinámicas étnicas). In: *Revista Mexicana de ciencias políticas y sociales* 97 (1979), S. 5–10, hier S. 7.

37 Bonfil Batalla: Sobre la liberación, S. 99.

38 Barabas / Bartolomé: Presentación, S. 7.

Südamerikas in Ollantaytambo bei Cusco in Peru 1980.[39] Im Abschlussdokument dieses Kongresses wird der Indianismus beschrieben als „Denken des Indios selbst, der Natur und der Welt, die ihn umgibt, [dieses Denken] ist die Suche, das Wiederfinden und die Identifikation mit unserer historischen Vergangenheit."[40] Es gründet auf die kollektivistischen und kommunitären Auffassungen der indigenen Kulturen. Daher gehört zu den zentralen Forderungen

> der *Kommunitarismus*, gestützt auf ayni, mink'a, camayali und yanapacu und andere kommunitäre Indio-Systeme des Kontinents, getragen von der hohen Gerechtigkeitsmoral des ama swa, ama llulla und ama qhe lla, welche dem Kapitalismus und westlichen Sozialismus vollkommen fremd ist.[41]

Die Strategieempfehlung der Konferenz sollte eine große Wirkmacht entfalten und erklärt bis heute einige der strategischen Unterschiede zwischen den Indigenenbewegungen in den verschiedenen südamerikanischen Ländern:

> Von diesem Blickwinkel der beiden Wirklichkeiten aus, die man in jedem der Länder finden kann: a) Wenn das Indio-Volk die Mehrheit ist, wird sein unmittelbares Ziel die Machtübernahme sein. b) Wenn das Indio-Volk die Minderheit ist, wird es eine Autonomie erlangen müssen und sich dabei das Recht erhalten, seine unmittelbaren Aktionen zusammen mit den anderen Gruppen des Volkes zu entscheiden, aber ohne seine Unabhängigkeit und kulturelle Identität zu gefährden.[42]

Hier kann man den Wandel von einer Kritik der herrschenden Ungleichheit und Ausgrenzung in den Texten vor der Sattelzeit hin zu einer Kritik des ‚Westlichen' in Staat, Gesellschaft und Wirtschaft als Ursache dieser Ungleichheit erkennen. Die Forderung nach dem Aufbau und der Stärkung selbstverwalteter Autonomien und damit der Stärkung der eigenen Strukturen sind eine logische Folge dieser Analyse.[43]

39 Anexo II: Primer Congreso de Movimientos Indios de Sudamérica. In: Juan Botasso / Mauricio Gnerre: *Del indigenismo a las organizaciones indígenas* [1980]. Quito: Colección Ethnos 1985, S. 161–177, hier S. 162.

40 Ebd., S. 163.

41 Ebd., S. 164. Die kommunitären Indio-Systeme beziehen sich auf traditionelle Mechanismen der Solidarität und der gemeinsamen Arbeit. „[A]ma swa, ama llulla und ama qhe lla" – siehe auch das Zitat von Nina Pacari weiter unten – bedeutet „Sei nicht faul, lüge nicht, stiehl nicht".

42 Ebd.

43 Ladislao Landa: Pensamientos indígenas en nuestra América. In: CLACSO (Hrsg.): *Crítica y teoría en el pensamiento social latinoamericano.* Buenos Aires: CLACSO 2006, S. 11–75, hier S. 44.

Ethnizität und diskursiver Wandel der ecuadorianischen Indigenenbewegung

Die Organisationen der ecuadorianischen Indigenenbewegung waren an der Entwicklung des Indianismus in den 1970ern beteiligt und entlehnten ihm eine Reihe inhaltlicher Anregungen, vor allem in Bezug auf die Aufwertung der eigenen Kultur und der Forderung nach Selbstbestimmung. Dennoch hat sich die Bewegung als solche nie offen mit dem Indianismus identifiziert und stattdessen Bezeichnungen wie Indigenenbewegung vorgezogen.[44] Das wirkt sich auch auf den Umgang mit den sozialistischen Strömungen innerhalb der Bewegung aus. So ist in den 1980ern eine wachsende Anerkennung der doppelten Dimension der Probleme der Indigenen in Ecuador als Klasse und Ethnie festzustellen. Für die Indigenenbewegung gilt: „Wir sind Teil der Ausgebeuteten dieses Landes, aber wir sind auch politisch und kulturell unterdrückt."[45] Dadurch verbindet sich der Klassenkampf mit einem ethnischen Verständnis, das als Befreiungskampf eines Volkes beschrieben wird. Mit diesem Schritt waren schon früh im Prozess der ethnischen Politisierung Allianzen und Bündnisse jenseits der indigenen Bevölkerung möglich. Diese Perspektive wird mit der Gründung der größten Indigenenorganisation, der CONAIE 1986, hegemonial im Diskurs der Indigenenbewegung.

Vor allem die CONAIE und die ihr angehörenden Organisationen konnten die Subjektivierungspolitik der Indigenenbewegung erneuern und an den veränderten Diskurs anpassen. Im Rahmen der Namenspolitik wurden die bekannten Inhalte aufgegriffen und erneuert. So ist die politische Selbstbezeichnung der verschiedenen Organisationen als ‚indigen' ab den 1970ern wieder häufiger festzustellen, im Sinne des Mottos „wir heißen Indios, weil wir mit diesem Namen für fünf Jahrhunderte unterworfen wurden und uns mit diesem Namen befreien werden."[46] Auch die Verwendung der wirklichen Namen der verschiedenen Völker in den Bezeichnungen der Organisationen und in Manifesten und Veröffentlichungen der Indigenenbewegung ist wieder verstärkt zu beobachten. Von besonderer Bedeutung innerhalb der Namenspolitik ist aber die Wiedereinführung des Begriffs der Nationalität.

44 Landa: Pensamientos indígenas, S. 68–69.

45 Nina Pacari: Las culturas nacionales en el estado multinacional ecuatoriano. In: *Cultura. Revista del Banco Central del Ecuador* VI,18a (1984), S. 113–123, hier S. 118–119.

46 Anexo, S. 163.

Dieser wurde, parallel zu seiner Verbreitung innerhalb der lateinamerikanischen Anthropologie, seit Ende der 1970er in Ecuador wiederverwendet. Von großer Bedeutung sind hier der sowjetische Anthropologe Yuri Zubritsky und seine Schülerin Ileana Almeida, die die Stadt Otavalo im Norden Ecuadors erforscht haben. In einem Text von 1979 verwendet Almeida zum ersten Mal seit langer Zeit den Begriff der Nationalität als marxistische Kategorie, um die historische Entwicklung des Volkes der Kichwa verstehen zu können. Eine Nationalität ist hier definiert über ein Territorium, Formen wirtschaftlichen Austauschs, Kultur und Sprache, die von der gesamten Gruppe geteilt werden. Mit einer zunehmenden Einheit der jeweiligen Gruppe entwickelt sie sich im Kapitalismus zu einer Nation.[47] Im Diskurs der Indigenenbewegung wurde diese Vorstellung von Entwicklung aufgegriffen, so dass für sie indigene Nationalitäten „Produkt eines langen historischen Werdeganges [sind], der als Ergebnis das Auftauchen von staatlichen Elementen hatte."[48] Diese Entwicklung wurde von der spanischen Invasion unterbrochen.[49]

Schon 1980 wurden einige indigene Organisationen gegründet, die die Bezeichnung ‚indigene Nationalitäten' im Namen trugen und die schließlich in der CONAIE aufgehen oder ihr beitreten sollten.[50] Für eine stärkere Integration des erneuerten Begriffs in den Diskurs der Indigenenbewegung ist der bereits zitierte Text von Nina Pacari von entscheidender Bedeutung. Sie entwickelt die Gedanken von Almeida nicht nur weiter, sondern bezieht die Existenz von indigenen Nationalitäten auf den Kampf dieser für Selbstbestimmung und Befreiung. Daher fordert sie nicht nur eine Anerkennung der indigenen Nationalitäten und ihrer Territorien, sondern eine völlige Umgestaltung von Staat und Gesellschaft, um das zu ermöglichen.[51] In diesem Zusammenhang spricht Pacari von „der Erschaffung eines wahrhaft multinationalen und plurikulturellen Staates, in dem jede Nationalität

47 Ileana Almeida: Consideraciones sobre la nacionalidad kechua. In: Instituto Otavaleño de Antropología (Hrsg.): *Lengua y Cultura en el Ecuador*. Otavalo: Instituto Otavaleño de Antropología 1979, S. 11–48, hier S. 14–15.

48 Pacari: Las culturas nacionales, S. 115–116.

49 Ebd., S. 116.

50 Becker: Indigenous Movements, S. 198, 200.

51 Pacari: Las culturas nacionales, S. 115, 121–122.

das Recht auf Selbstbestimmung und die freie Wahl sozialer, politischer und kultureller Alternativen hat."[52]
Mit Bezug auf den Begriff der indigenen Nationalitäten entwickelt die Indigenenbewegung eine neue Vision der Vergangenheit der indigenen Völker. Die Bewegung „schreibt Geschichte und schreibt sie um, um so zeitgenössische Definitionen von Interessen und Strategien zu begründen."[53] Hier beginnt der Bereich der Ethnopolitik. Die Forderungen nach Anerkennung der indigenen Nationalitäten innerhalb eines Regimes von selbstverwalteten Autonomien begründet Pacari mit bestimmten Strukturen, ‚staatlichen Elementen', die in der indigenen Tradition – in ihrem Fall der der Kichwa – vorhanden sind. Die Existenz dieser Strukturen stützt nicht nur die Forderung nach Autonomie, sondern ist gleichzeitig Beweis für die Fähigkeit der entsprechenden Nationalität zur Autonomie. In der Interpretation Pacaris lassen sich bei den Kichwa vier miteinander verbundene Strukturen erkennen, die diese Nationalität sozial, weltanschaulich, rechtlich und moralisch definieren.

> So haben wir unser erstes Konzept, das *Ayllu*. Während sich der Prozess des Volkes entwickelt, können wir mit *Llacta Ayllu* und *Mama Ayllu* Begriffe erfassen, die Familie, erweiterter Gemeinschaft und Volk entsprechen. [...] Das Kichwa-Volk hat eine Entwicklungsstufe erreicht, die sich in dem ausdrückt, was wir *Mama Ayllu* genannt haben, was heißt, ein Volk mit einer gemeinsamen Sprache, einer gemeinsamen Kultur, einem gemeinsamen Territorium und gemeinsamen wirtschaftlichen Verbindungen. [...] Der ideologische Überbau drückt sich in der harmonischen Beziehung von *Pachamama – Allpamama – Runa* (Universum – Erde – Mensch) aus, die die ideologische und kulturelle Weltsicht wiedergibt. Dasselbe Prinzip der harmonischen Beziehung äußert sich in der Rechtsprechung aus: *Ayllu Camachic* (familiäre Normen); *Llacta Camachic* (soziale Normen); und *Mama Ayllu Camachic* (rechtliche Normen des ganzen Volkes). Dieser Einklang drückt sich auch in unseren moralischen Maximen aus, wie: *Ama Quilla, Ama Llulla, Ama Shua* (Sei nicht faul, lüge nicht, stiehl nicht), die als anerkannte und vom ganzen Volk akzeptierte Verhaltensnormen entstanden sind und sich so bis heute unter uns allen erhalten haben.[54]

Die (Re-)Konstruktion von eigenen gesellschaftlichen Strukturen, die von denen der restlichen Bevölkerung verschieden sind, spielt somit eine große Rolle im Kampf für eine pluralistische Umgestaltung von Staat und Gesellschaft. Der Bezug auf bereits voll entwickelte Formen des Zusammenlebens, die durch ihre harmonische

52 Pacari: Las culturas nacionales, S. 119.
53 Jenson: What's in a Name?, S. 107–108.
54 Pacari: Las culturas nacionales, S. 115.

Verbindung den westlichen Strukturen überlegen, da humaner und ausgeglichener, sein können, stärkt die Forderung nach Selbstbestimmung und Autonomie.

Dieser Prozess wurde durch eine Reihe von Bildungsinitiativen gestützt, die deutlich über die Projekte der 1940er und 1950er hinausgehen. Seit den 1960ern haben die neu entstandenen Indigenenorganisationen, oft mit Unterstützung der katholischen Kirche, eigenständige Schulen aufgebaut, an denen zweisprachig und interkulturell unterrichtet wird. Diese Autonomie wurde in den 1980ern erkämpft[55] und konnte bis 2009 aufrechterhalten werden. Seit 2009 hat die Regierung wieder die vollständige Kontrolle über das zweisprachige interkulturelle Erziehungssystem übernommen, viele Mitglieder der Indigenenorganisationen verdrängt oder entlassen und die Lehrinhalte dem staatlichen Diskurs angepasst.

Im Bereich der Politik der Sichtbarkeit ist neben den häufigen großen Märschen und Besetzungen in den 1990ern, die mit dem bereits beschriebenen Marsch des Inti Raymi 1990 begannen, ein anderes Phänomen interessant. Im Zuge der ethnischen Politisierung in den 1970ern gründeten sich eine Reihe von indigenen Kulturgruppen, die versuchten, die Traditionen, Tänze und Musik ihres jeweiligen indigenen Volkes wiederzuentdecken und zu bewahren. Die bedeutendste dieser Gruppen ist die Kulturwerkstatt (*Taller Cultural*) *Causanacunchic*[56], die 1976 von urbanen indigenen Oberschülern in Otavalo und Cotacachi gegründet wurde, um die Kultur der Kichwa zu verteidigen und ihre Identität zu stärken. Diese Kulturwerkstatt umfasste 50 Personen, die über kulturelle Veranstaltungen, Debatten über die indigene Kultur und Unterstützung indigener Schüler und Studenten die Beziehung zwischen Indigenen und Nicht-Indigenen demokratisieren wollten.[57] Sie bauten eine Bibliothek zu indigenen Angelegenheiten auf und organisierten Lesekreise, die sich auf „die historische und soziologische Analyse der nicht-indigenen Beherrschung und der indigenen Unterwerfung“[58] konzentrierten. In diesem Zusammenhang wurden Debatten der internationalen Linken und konkrete

55 Ebd., S. 122.

56 *Causanacunchic* bedeutet ‚wir haben gelebt, wir leben und wir werden leben‘.

57 Sergio Huarcaya: Othering the Mestizo: Alterity and Indigenous Politics in Otavalo, Ecuador. In: *Latin American and Caribbean Ethnic Studies* 5,3 (2010), S. 301–315, hier S. 310.

58 Ebd., S. 311.

Erfahrungen sozialer Kämpfe in anderen Ländern rezipiert und diskutiert. Durch ihren urbanen Hintergrund konnten sie die marxistischen Begriffe von Klassenkampf und die Einordnung des Kampfes der Indigenen als Nebenwiderspruch in diesem aufgreifen, kritisieren und ihrer Situation als nicht-rurale Indigene der Mittelschicht anpassen.

Daraus entwickelten die Mitglieder der Kulturwerkstatt *Causanacunchic* eine neue Strategie indigener Sichtbarkeit. Die indigenen Traditionen wurden wiederbelebt und politisiert, etwa das emblematische Hut-Tragen. Die Kulturwerkstatt rief die Indigenen dazu auf, niemals ihre Hüte abzunehmen, da das der indigenen Tradition widersprechen würde. Bis zu diesem Zeitpunkt war es üblich, dass Indigene, die mit Mestizen oder Weißen sprachen, ihren Hut zu ziehen hatten – die Mestizen oder Weißen jedoch nicht. Davon ausgehend, organisierte die Kulturwerkstatt groß angelegte Aktionen, bei denen niemand den Hut abnahm, wenn etwa die Nationalhymne gespielt wurde[59] – in den 1970ern ein Skandal. Auch die Re-Ethnisierung hispanisierter Feste – allen voran das Inti Raymi, das 1976 zum ersten Mal seit langer Zeit wieder unter diesem Namen gefeiert wurde und nicht unter der spanischen Bezeichnung San Juan[60] – erhöhte die Sichtbarkeit der Indigenen deutlich. Eine weitere Strategie der Sichtbarkeit ist der Umgang mit den Eigennamen der Indigenen. So legten einige der Mitglieder der Kulturwerkstatt *Causanacunchic* ihre hispanisierten Namen ab und nahmen indigene Namen an, dazu gehört auch die bereits zitierte Nina Pacari, die vorher María Estela Vega Conejo hieß.[61]

Die vielbeschworene Krise[62] der Indigenenbewegung seit Anfang des neuen Jahrtausends ist nicht nur eine strukturelle Krise der unterschiedlichen Organisationen oder eine Entfremdung zwischen Basisorganisationen und ihren nationalen Repräsentanten. Es handelt sich auch um eine Krise der Subjektivierungspolitik. Die Regierung von

59 Huarcaya: Othering the Mestizo, S. 311–312.

60 Ariruma Kowii: Pawkar Raymi, la Fiesta del Florecimiento. http://www.ipanc.org/images/muestra_docu.php?archivoDonde=vAsp2YZaVF2hD2lwu2e%2FZUT9%2BURDPinPU7%2F5m9k97d7M6gbErp4JMPTBktZ4ErAJwVHT7se8Z5vm%2BC23Fb5SRjQaeS4g4hKi&archivoCodificado=0 (Zugriff am 18.04.2012, nicht mehr verfügbar).

61 Huarcaya: Othering, S. 312–313.

62 Eine gute Zusammenfassung bietet Luis Tuaza: *Runakuna ashka shaikushka shinami rikurinkuna, ña mana tandanakunata munankunanchu - la crisis del movimiento indígena ecuatoriano.* Quito: FLACSO 2011.

Rafael Correa und Alianza PAÍS hat Strategien entwickeln können, die die Indigenen und ihre Bewegung als politische Subjekte in Frage stellen – stattdessen sollen alle Ecuadorianer, unabhängig von ihrer Ethnie als (Staats-)Bürger in den erneuerten Staat eingebunden werden. So erklärt sich auch die weitgehende Übernahme der zentralen Begriffe der Indigenenbewegung – indigene Nationalitäten, Interkulturalität, Plurinationalität, Gutes Leben bzw. *Sumak Kawsay* – in den Diskurs der Regierung. Im Zuge dieser Übernahme werden die Begriffe ihrer Geschichte und ihrer Inhalte beraubt und in die politische Linie des Staates integriert – somit verliert die Namenspolitik und ein Teil der Ethnopolitik der Indigenenbewegung ihre Wirksamkeit. Die systematische Integration von Führungsfiguren der Indigenenbewegung bedeutet zudem eine Schwächung der Politik der Sichtbarkeit – mit einem Mal sind Indigene, die sich auch als solche bezeichnen und kleiden, Botschafter, Abgeordnete oder Minister einer Regierung, an der keine indigene Partei beteiligt ist und die keine indigene Politik vertritt. Insbesondere die Ethnopolitik wird geschwächt durch die Politik der Regierung, den Staat darüber zu stärken, dass die Autonomie der Behörden der interkulturellen Erziehung und der Entwicklung der indigenen Völker aufgehoben wird.[63]

Fazit

Die Subjektwerdung der Indigenen in Ecuador, die mit den Aktionen der Indigenenbewegung seit 1990 deutlich wird, ist das Produkt einer Reihe von koordinierten Politiken, die auch von internationalen Diskursen inspiriert wurden. Die strategische Wiederaneignung und Neukonstitution indigener Identitäten und traditioneller Strukturen in den 1970ern und dem ‚gewonnenen Jahrzehnt' der 1980er[64] ist der Schlüssel für die zentrale Position der Indigenenbewegung seit den 1990ern. Vor allem das Verständnis der ‚doppelten Dimension' der Situation der Indigenen als Klasse und Ethnie hat der Bewegung geholfen, eine ethnische Politisierung mit breiten über-ethnischen

63 Carmen Martínez Novo: The "Citizen's Revolution" and the Indigenous Movement in Ecuador. Re-Centering the Ecuadorian State at the Expense of Social Movements. http://sarr.emory.edu/documents/Andes/MartinezNovo.pdf (Zugriff am 23.01.2014).

64 Gemeint ist damit die organisatorische Stärkung der Indigenenbewegung in den 1980ern – im Gegensatz zur Schwächung des Staates im sogenannten „verlorenen Jahrzehnt" dieser Jahre, also im Zuge der Staatsverschuldung und der Umsetzung neoliberaler Politikformen.

Allianzen zu verbinden und so nicht nur den Diskurs der Gesellschaft, sondern auch die Strukturen des Staates zu verändern. Auch der hohe Organisationsgrad – fast alle Indigene sind zumindest passiv Mitglied einer Organisation der Indigenenbewegung – lässt den Schluss zu, dass sich die Indigenen als Ethnie(n) für sich angenommen haben.[65] Genau diese ethnische Politisierung ist der Angriffspunkt für externe Akteure – insbesondere den Staat –, die seit jeher versuchen, die Indigenen zu spalten und ihre Organisationen gegeneinander zu wenden. Die aktuelle Regierung Ecuadors hat ihre Politik der Schwächung der Indigenenbewegung als wichtigster Akteur der Zivilgesellschaft weitgehend auf einer Reihe von Gegenstrategien gegen die ethnische Politisierung und die Subjektivierungspolitik dieser Bewegung aufgebaut. Die nächsten Jahre werden zeigen, ob die Schwächung der Indigenenbewegung einem Scheitern indigener Politik gleichkommt – oder ob sie vielmehr durch bestimmte Eigenschaften der aktuellen Regierung bedingt ist, also eine Folge externen Handelns.

65 Vgl. Barabas / Bartolomé: Presentación, S. 7, bereits oben zitiert.

Verbelebung als eine Diskursstrategie der Stadt *

Elena Dingersen

1. Subjekt und Kreativität des Lokalen

Fällt der traditionsreiche Begriff Subjekt, Gegenstand der langen neuzeitlichen Aushandlungen, so treten Fragen nach den Grenzen von Willen und Handlungsfreiheit sowie Einschränkung und Vorbestimmung in den Raum. Über das individuelle sowie das Gruppen-Subjekt hinaus hebt dieser Begriff die Problemstellung vieler wissenschaftlicher Debatten hervor, und zwar, welche Begriffe durch Diskurse bemächtigt oder entmachtet werden und welche erkenntnistheoretischen Konsequenzen dies zur Folge hat.

Die Frage danach, wie viel Kreativität und Handlungsmacht unterschiedlichen Maßstabsebenen zugeschrieben werden, steht seit dem letzten Jahrzehnt zunehmend im Mittelpunkt der Sozial- und Raumwissenschaften.[1] Die wachsende Kritik an einer asymmetrischen Rezeption der Beziehungen ‚Global-Lokal' als einer Opposition, in der das Lokale entmachtet wird, macht darauf aufmerksam, wie handelnd und kreativ das Lokale sein kann bzw. welches Emanzipationsvermögen dem Lokalen zugeschrieben wird. Es gibt unterschiedliche Ansätze, die hervorheben, dass das Lokale, nicht nur ein Teil des Globalen, sondern kreativ und handlungsfähig sei sowie auf das Globale selbst einwirken könne.[2] Demnach sollten unterschiedliche Maßstabsebenen in ihrem Wechselspiel berücksichtigt werden. Auch globale Diskurse, wie z. B. jene des Kulturerbes oder der Modernisierung, können nicht nur auf der nationalen, sondern auch auf der städtischen Ebene gebrochen bzw. verschoben werden. Eine diskursive Praxis kann sich folglich auf unterschiedlichen geografischen Maßstabsebenen verschieden auswirken: Während es auf einer Ebene eine Deutungsverschiebung im Diskurs gibt, kann der Macht-Wissen-Komplex auf einer anderen Ebene unberührt

* Dieser Aufsatz beruht auf den Teilergebnissen meiner derzeit noch in Bearbeitung befindlichen Dissertation zum Vergleich der Diskurse über die historischen Stadtbilder in Dresden und St. Petersburg am Fachbereich Gesellschafts- und Geschichtswissenschaften der Technischen Universität Darmstadt.

1 Vgl. Helmuth Berking (Hrsg.): *Die Macht des Lokalen in einer Welt ohne Grenzen.* Frankfurt am Main: Campus 2006.

2 Vgl. Doreen Massey: Keine Entlastung für das Lokale. In: Berking (Hrsg.): *Die Macht des Lokalen in einer Welt ohne Grenzen*, S. 25–31.

bleiben.[3] Eine lokale diskursive Praxis kann demzufolge eine handlungsrelevante Wissensordnung bilden sowie Handlungsanregungen formulieren, die den globalen Herausforderungen widerstehen bzw. diese auf ihre eigene Art aufnehmen.

Im Folgenden werden die zwei Städte Dresden und St. Petersburg vorgestellt, deren Kreativität sich im Zusammenhang mit „Subjekten der Geschichte" in interessanten Ausdrucksformen zeigt. Es handelt sich um eine Bezugnahme auf die ‚städtische Identität' mit der einhergehenden Verbelebung der Städte als Akteure, der Geschichte unterworfen und ihr trotzend sie gestaltend. Diese Verbelebung hebt das Subjekt als Metapher der ewigen Disparität zwischen Macht und Unterwerfung hervor. Die beiden Städte verfolgen diskursive Strategien bei der lokalspezifischen Aneignung der globalen Modernisierungsdiskurse, die sich mitunter ähneln.

2. Kreativitätsfrage in Konflikten um das bauliche Erbe in Dresden und St. Petersburg

Dresden und St. Petersburg sind Schauplätze öffentlicher Konflikte, welche sich um die Bewahrung des baulichen Erbes und die Stadtmodernisierung drehen. Solche Aushandlungsprozesse werden zwar häufig zum Gegenstand von kultur- und sozialwissenschaftlichen Studien, allerdings üblicherweise im Kontext nationaler Denkmalschutzdebatten. Gleichzeitig bieten sie jedoch interessante Beispiele dafür, welche kreativen, stadtspezifischen Lösungen jenseits der nationalstaatlichen Logik gefunden werden können.

Verschärft durch den sozialräumlichen Wandel der Postwendezeit stellen die Auseinandersetzungen mit dem Architekturerbe in Dresden und St. Petersburg komplexe Prozesse dar. Der Wechsel des sozialpolitischen bzw. ideologischen Systems in Deutschland und Russland Ende der 1980er bis Anfang der 1990er Jahre zog neben den Transformationen in der gesellschaftlichen Sozialstruktur und Wirtschaft Änderungen im Umgang mit der Vergangenheit sowie in der Rolle der Zivilgesellschaft nach sich. Die Frage der nationalen Identitätsbildung rückte bei den Deutungsangeboten für das historische Stadtbild und bei Modernisierungen in den Vordergrund. Gleichzeitig sind die Dresdner sowie Petersburger Stadtdiskurse stark selbstreferentiell und beziehen sich auf die unterschiedlichen Phasen der jeweiligen

3 Vgl. Sybille Bauriedl: Impulse der geographischen Raumtheorie für eine raum- und maßstabskritische Diskursforschung. In: Georg Glasze / Annika Mattisek (Hrsg.): *Handbuch zur Diskursanalyse in der Geographie.* Bielefeld: Transcript 2009, S. 219–232, hier S. 229.

Stadtgeschichte. Die Diskussionen über das architektonische Erbe sind insbesondere durch die städtischen Identitätskonstruktionen verdichtet.[4] So wie sie sind, zeichnen diese Diskurse unübersehbar die jeweilige Stadtgestalt auf. Ein Blick auf die medialen Debatten um die ausgewählten Bauprojekte Waldschlösschenbrücke in Dresden und Ochta-Hochhaus in St. Petersburg erlaubt es, diese diskursive Praxis genauer zu betrachten.[5]

3. Die Stadt als Akteur: Methoden der Verbelebung im Diskurs

3.1 Anthropomorphismen

Konflikte um die historischen Bilder der Altstädte rufen in der Regel als „Zone Heimat"[6] sowie als Fokus der Stadtbildpflege[7] weltweit eine breite öffentliche Resonanz hervor. Für Städte wie Dresden

4 Vgl. zu Dresden u. a. Viktoria Knebel: *Preserve and Rebuild. Dresden during the Transformations of 1989–1990: Architecture, Citizens Initiatives and Local Identities.* Frankfurt am Main: Peter Lang 2007; Rolf Lindner / Johannes Moser (Hrsg.): *Dresden. Ethnographische Erkundungen einer Residenzstadt.* Leipzig: Leipziger Universitätsverlag 2006; zu Petersburg Moisey Kagan: *Grad Petrov v istorii russkoj kultury.* St. Peterburg: Slawija 1996; Karl Schlögel: Vorwort. In: Nikolai Anziferow: *Die Seele Petersburgs.* München: Hanser 2003, S. 7–46.

5 Es handelt sich um zwei öffentliche Konflikte um die Bewahrung der historischen Stadtbilder sowie den Welterbestatus in den beiden Städten, die hauptsächlich in den 2000ern ausgetragen wurden. Das von der Stadtverwaltung initiierte Brückenprojekt am Waldschlösschen sollte das Defizit der Verkehrsinfrastruktur und zwar die nordöstliche Elbüberquerung in Dresden lösen, stieß allerdings auf die Proteste der DresdnerInnen sowie nationale und internationale Aufmerksamkeit, einschließlich seitens der um die Beschädigung der historischen Stadtansichten auf die Altstadt aus dem Elbtal besorgte UNESCO. Die im August 2013 eröffnete Waldschlösschenbrücke kostete Dresden den Welterbestatus und bleibt in den öffentlichen Diskursen bis heute umstritten. Die Petersburger GegnerInnen der Modernisierung des historischen Stadtbildes durch das von der Petersburger Stadtverwaltung und den Ölkonzern Gazprom initiierte Businesszentrum „GAZPROM-City" bzw. später „Ochta-Zentrum" mit einem Hochhaus neben dem historischen Stadtzentrum erreichten ihr Ziel – der Ochta-Turm wurde räumlich verlegt, sein Bau zeitlich verschoben und er wurde umbenannt, der bedrohte Welterbestatus blieb dadurch im Fall Petersburgs erhalten. Die Darstellung der diskursiven Praxis in diesen Konflikten erhebt allerdings keinen Anspruch auf Vollständigkeit. Die Analyse fokussiert die in den Medien entfalteten Verbelebungsstrategien der Städte, die größtenteils durch die Diskurse der GegnerInnen der beiden Projekte ausgeübt werden und die sich zugleich auf einen quantitativ dominanteren Teil der Aussagen der beiden Diskurse beziehen.

6 Gerhard Vinken: *Zone Heimat. Altstadt im modernen Städtebau.* München: Deutscher Kunstverlag 2010.

7 Vgl. Ingrid Scheurmann: Stadtbild in der Denkmalpflege: Begriff – Kontext – Programm. In: Sigrid Brandt / Hans-Rudolf Meier (Hrsg.): *Stadtbild und Denkmalpflege. Konstruktion und Rezeption von Bildern der Stadt.* Berlin: Jovis 2008, S. 140–149.

und St. Petersburg, deren Identitätskonstruktionen insbesondere mit ihren historischen Zentren zusammenhängen, bieten diese Fälle einen großen Entfaltungsraum für anthropomorphe Rhetorik. Die historischen Panoramen des „Canalettoblicks“[8] oder des Alten Petersburgs stellen Übersichten über einen großen Stadtraum dar, die eine in sich abgeschlossene Komposition von vielerlei architektonischen sowie landschaftlichen Elementen der Stadt bieten und dadurch einen Eindruck von Ganzheit erwecken. Die historischen Ansichten produzieren auf diesem Wege den in beiden Diskursen häufig vorkommenden Begriff des ‚Stadtganzen‘ und ‚funktionieren‘, solange die Komposition ungestört bleibt. Wenn allerdings die ‚Ganzheit‘ der Ansichten als gefährdet angekündigt wird, wie es bspw. bei den ausgewählten Kontroversen in Dresden und St. Petersburg der Fall war, sowie ein Emotionalisierungsbedarf im Raum steht, kommen die rhetorischen Verbelebungsmittel auf spektakuläre, teilweise poetische Weise zum Einsatz. Das Stadtganze eignet sich im Diskurs lebendige Züge an und ähnelt einem Organismus. Umgekehrt kann dies mit den Worten des ehemaligen sächsischen Landeskonservators und Kunsthistorikers Heinrich Magirius über Dresden zum Ausdruck gebracht werden: „Herz und Seele brauchen Raum.“[9]

Dieser Logik bzw. dem Zusammenhang zwischen der optischen Ganzheit und der lebenden Substanz folgend wird im Diskurs auch das Wertvolle am Waldschlösschenblick hervorgehoben: „Wenigstens von hier aus stört bisher nichts den Eindruck, dass Dresden ein Herz im Zentrum besitzt, das weit in die Landschaft hinaus strahlt.“[10] Die ProjektgegnerInnen befürchteten, dass der berühmte Einklang von Stadt und Flussauen durch den Bau einer neuen Elbbrücke zerschnitten und Dresden „in seinem eigentlichen Wesen tiefgreifend verletzt“[11]

8 Die in Diskursen über Dresden verbreitete Bezeichnung für den Blick auf die Dresdner Altstadt verweist auf das berühmte Gemälde des Malers Canaletto (Bernardo Bellotto) „Dresden vom rechten Elbufer unterhalb der Augustusbrücke“. Vgl. Janna Düring / Rainette Lange: Dresden bleibt Dresden. Die Stadt in der Reiseliteratur. In: Rolf Lindner / Johannes Moser (Hrsg.): *Dresden. Ethnografische Erkundungen einer Residenzstadt.* Leipzig: Leipziger Universitätsverlag 2006, S. 36–74.

9 Landeshauptstadt Dresden (Hrsg.): *Bürgerentscheid Waldschlösschenbrücke.* Dresden: Druckhaus Dresden 2005, S. 6.

10 Heinrich Magirius: Gewalttätiges Monstrum. In: *Sächsische Zeitung,* 04.01.2006, S. 9.

11 Vgl. Offener Brief an Dr. h.c. Burger vom 28.01.2008. http://archiv.welterbeerhalten.de/nachrichten/zeitungsschau/28.-januar-2008---offener-brief-an-dr.-h.-c.-burger.html (Zugriff am 01.12.2013).

werden würde. Ein intensiver Bezug zum Physisch-Räumlichen in der Auffassung des Ideellen zeigt sich in einer starken Identifizierung der „Seele“ mit einem konkreten Ort. So kommentierte die sächsische Zeitung *Der Sonntag* die trotz der Bürgerproteste von der Stadtverwaltung 2008 veranlassten Bauarbeiten: „Nun graben Bagger in der Erde der Elbauen. Sie ist aufgewühlt, so wie die Seele der Stadt.“[12]

Auch in St. Petersburg hebt der mediale Stadtbild-Diskurs „die einzigartige Atmosphäre der Altstadt, die ihre Ganzheit erhielt“[13], und somit einen ungestörten Anblick auf das Stadtganze hervor. Eine Intervention in das Stadtbild und damit in das Stadtganze würde für viele BürgerInnen einen Versuch symbolisieren, „die Seele der Stadt zu entnehmen.“[14] Die Praktiken der Lokalisierung des Seelischen nahmen in Petersburg vielfältige Formen an. So bietet ein von den Petersburger Bürgerinitiativen für die breite Öffentlichkeit organisiertes Kulturprogramm zum Thema „Kulturerbe in Gefahr“ 2008 u. a. eine Fachexkursion „Wunden im Herzen Petersburgs“[15] an, die die angeblichen städtebaulichen Fehler des letzten Jahrzehnts sowie den Bauplatz des künftigen Turms neben der Altstadt zeigt.

Welchen Emotionalisierungsgrad solche Verbelebungen im Diskurs erreichen können, zeigt die Performance *Die Beerdigung Petersburgs*, welche eine Bürgerinitiative im Februar 2007 am Ort der Pressekonferenz der UNESCO zum Ochta-Fall veranstaltete. Die TeilnehmerInnen der „Trauerzeremonie“ versammelten sich mit angezündeten Kerzen um zwei Poster: Eines mit dem Stadtbild und den Lebensjahren Petersburgs „1703–2011“[16]; das zweite mit einem Nachruf, der besagte:

> Mit 308 Jahren nach einer langen und schweren Krankheit starb die Stadt St. Petersburg frühzeitig […]. Ein riskantes Experiment mit der Transplantation eines fremden Organs, des Hochhauses „Gazprom-City“, provozierte ein

12 Andreas Roth: Eine Brücke, die trennt. In: *Der Sonntag. Wochenzeitung für die Evangelisch-Lutherische Landeskirche Sachsens*, 18.02.2008. http://web.archive.org/web/20080324123956/http://www.sonntag-sachsen.de/2008/02/eine-bruecke-die-trennt/(Zugriff am 01.12.2013).

13 Tat'jana Lichanova: Sindrom Millera. In: *Novaya Gazeta St. Petersburg* (*NG*), 23.08.2007. http://novayagazeta.spb.ru/articles/3657 (Zugriff am 01.12.2013).

14 Boris Višnevskij: Kukuruza – ne naš ovošč. In: *NG*, 12.10.2009. http://novayagazeta.spb.ru/articles/5350/ (Zugriff am 01.12.2013).

15 Evgenija Dyleva: „Vsemirnoe nasledie v opasnosti: sud'by Peterburga i Baikala glazami sovremennych fotografov.“ In: *NG*, 15.04.2010. http://novayagazeta.spb.ru/articles/5778/ (Zugriff am 01.12.2013).

16 Der Abschluss des Projekts war ursprünglich für das Jahr 2011 geplant.

> Krebsgeschwür im Bereich Ochta, weswegen sich Metastasen auf den gesamten Körper der Altstadt ausweiteten.[17]

Die Trauernden traten mit Gedenkreden auf und sangen; zum Schluss wurden Blumenkränze mit dem Trauerspruch „Immer in unseren Herzen“ an den vor Ort aufgebauten Ständen niedergelegt. Der Auftritt der DenkmalschützerInnen spiegelt einen spezifischen Aspekt der Selbstinszenierung dieser Stadt wieder, und zwar die Metaphysik Petersburgs. Wie bei einem Subjekt werden dem städtischen Sein im Diskurs sowohl sinnliche als auch transzendente Formen zugeschrieben: Die häufig fallenden Begriffe „Seele“ und „Körper“ Petersburgs, aber auch seine „Wunden“ führen den ‚Leib-Seele‘-Dualismus in Bezug auf die Stadt ein.[18] Das Thema des Todes und Sterbens, nicht zuletzt manifestiert in der Aktion der Bürgerinitiative, wird im Diskurs besonders hervorgehoben. Die DenkmalschützerInnen sprechen von „sterbenden Häusern“[19], singen ein „Requiem für die Stadt“[20] im Zusammenhang mit dem Bauprojekt und problematisieren es als eine „rituelle Ermordung Petersburgs“[21]. Neben der Attribuierung eines Herzens und einer Seele, die eine Stadt mit einem Subjekt gleichsetzt, stellen der in Dresden und Petersburg unterschiedlich differenziert ausgeprägte ‚Leib-Seele‘-Dualismus, aber auch der unübersehbar intensive Bezug zum Physisch-Räumlichen bei der Lokalisierung des ‚Lebendigen‘ ein spezifisches Merkmal der städtischen kreativen Diskursstrategien dar.

3.2 Geben-Nehmen-Beziehung

Die Verbelebung erfolgt auch auf andere Weise, nämlich durch die Wechselseitigkeit der Beziehungen zwischen der Stadt und ihren BewohnerInnen. Diese wird bspw. anhand der verbitterten Feststellung der BrückengegnerInnen sichtbar, „dass die Dresdner das Kostbarste, was ihre Stadt den Bürgern und der Welt zu bieten hat, […]

17 Maria Sokolova: Press-konferecia UNESCO zakončilas' sjurprizom. http://lenizdat.ru/articles/1047125/ (Zugriff am 01.12.2013).

18 Die Personifizierung Petersburgs geht auf Nikolai Anziferow zurück, der in seinem *Die Seele Petersburgs* die Stadt als einen lebenden Organismus mit Körper und Seele darstellte.

19 Andžej Belovranin: Rekviem po Peterburgu. In: *NG*, 05.06.2008. http://novayagazeta.spb.ru/articles/4311/ (Zugriff am 01.12.2013).

20 Ebd.

21 Tat'jana Lichanova: Peterburg: chranit' večno. In: *NG*, 26.11.2009. http://novayagazeta.spb.ru/articles/5450/ (Zugriff am 01.12.2013).

nicht mehr schützen."[22] Ein Austausch Gabe vs. Handlung zieht sich als roter Faden durch den Dresdner Diskurs. Die StadtbewohnerInnen werden im Diskurs als Empfänger der Gabe positioniert: „den Dresdnern ist die landschaftliche Situation, in die die historischen Bauten hinein komponiert wurden, geschenkt worden."[23] Durch die Einbettung der Dresdner Altstadt in das Elbtal bzw. durch die vorteilhafte Kombination aus Architektur- und Naturlandschaft habe Dresden „Maler und Dichter seit Jahrhunderten inspiriert."[24] Die Auswirkung der Stadt wird allerdings nicht nur als impulsgebend, sondern auch als erkenntnisreich dargestellt:

> Die Hauptstrecke unseres Grußvermögens sind die sich beiderseits durch die Stadt ziehenden Uferwiesen. – der Schriftsteller Thomas Rosenlöcher beschreibt das Erlebnis der Dresdner in ihrer Stadt und ihre Auswirkung auf sie – Hier entlanggehend, empfängt der Dresdner die Nachricht, dass auch das Gebaute von Schönheit bestimmt sein kann: so er im Dreiklang von Stadtsilhouette, Flusslandschaft und ferner hinziehenden Bergen gelegentlich den Einklang verspürt […].[25]

Hier erfährt also der Dresdner die Schönheit seiner gebauten Umwelt, die im Zusammenschluss mit der kultivierten landschaftlichen Ausstattung die Lebensqualität in dieser Stadt prägt. Das Phänomen ruft etwas Subtiles und schwer Messbares hervor, zum Schutz dessen die DresdnerInnen demonstrieren: „Sie spüren: Hier wird nicht nur eine Landschaft ruiniert. Hier wird etwas Unsichtbares angegriffen: ein Gefühl."[26] Der Diskurs zeigt eine unsichtbare, emotional aufgeladene Beziehung der DresdnerInnen zu ihrer Stadt. Dass die kultivierte städtische Schönheit ‚das Glücksgefühl' auslöst, steigert rhetorisch die Emotionalisierung dieses Verhältnisses.

Die PetersburgerInnen wollten die Stadt ihren Kindern so übergeben, wie man sie immer kannte, wie sie einen „erzog"[27]. Dem Erzie-

22 Heidrun Hannusch: „Dieser Blick gehört der ganzen Welt." DNN-Interview mit Wolfgang Thierse, Bundestagspräsident a.D., zum Dresdner Weltkulturerbe-Streit. In: *Dresdner Neueste Nachrichten* (DNN), 07.04.2006, S. 13.

23 Landeshauptstadt Dresden (Hrsg.): *Bürgerentscheid Waldschlösschenbrücke*, S. 6.

24 Andrea Pals: o. T. In: *Elbtal-Kurier. Informationen zum Verkehrszug Waldschlösschenbrücke*, 12.12.2005, S. 6.

25 Thomas Rosenlöcher: Ihr zersägt Eure Enkel! Warum wir Dresdner uns noch immer gegen die Waldschlösschenbrücke wehren. In: *Die Zeit*, 07.02.2008, S. 39.

26 Susanne Beyer: Denkmäler. Angriff auf das Unsichtbare. In: *Der Spiegel*, 02.07.2007, S. 157.

27 Boris Višnevskij: Kukuruza – ne naš ovošč. In: *NG*, 12.10.2009. http://novayagazeta.spb.ru/articles/5350/ (Zugriff am 01.12.2013).

hungsaspekt wird dabei jedoch mehr als einfach eine symbolische Bedeutung zugeschrieben. Sein Verständnis geht über die Dimension der Ästhetisierung bzw. Anerziehung des feinen Geschmacks hinaus: „Diese Stadt hat ihren eigenen Willen, ihre eigene Mentalität und sie erzieht Menschen, im gewissen Sinne sind wir ein Produkt dieser Stadt und ihre Diener.“[28]

Liest man in den Aussagen über die Rolle der beiden Städte im Leben ihrer BewohnerInnen die implizite Diskursregel heraus, lässt sich folgendes Argumentationsmuster[29] formulieren: Wenn Menschen in Dresden bzw. St. Petersburg wohnen, werden sie von der Stadt beglückt, aber auch erzogen. Die Zweierbeziehung zeigt sich allerdings im Diskurs nicht asymmetrisch: Das Nehmen erfordert das Geben und die Gabe der Stadt erfordert von den StadtbürgerInnen eine Erhaltungsarbeit. Tiefsinnig, elegant und treffend für beide Fälle begründet das bürgerliche Engagement zum Schutz der Städte die folgende Annahme: „weil alle Schönheit ja auch eine Last ist, das heißt, in einem erhalten und eingelöst werden will.“[30] Der Besitz der einzigartigen Schönheit legt offenbar ein inniges Verhältnis zu der Stadt nahe, das die „Zusammenkunft“ mit ihr für die StadtbewohnerInnen bedeutend und erfreulich und ihre „Verluste“ bitter macht.[31]

Die beiden Stadtgeschichten sind durch zahlreiche historische Präzedenzfälle des Bürgerengagements um das bauliche Erbe der Stadt gekennzeichnet. Es waren VertreterInnen des Dresdner Bildungsbürgertums – wie umstritten seine politische Stellung in der Dresdner

28 Tat'jana Lichanova: Za oboronu Peterburga. In: *NG*, 12.03.2007. http://novayagazeta.spb.ru/articles/3271/ (Zugriff am 01.12.2013).

29 Zum Begriff des Argumentationsmusters Martin Wengeler: Argumentationstopos als sprachwissenschaftlicher Gegenstand. Für eine Erweiterung linguistischer Methoden bei der Analyse öffentlicher Diskurse. In: Susan Geideck / Wolf-Andreas Liebert (Hrsg.): *Sinnformel. Linguistische und soziologische Analysen von Leitbildern, Metaphern und anderen kollektiven Orientierungsmustern*. Berlin / New York: de Gruyter 2003, S. 59–82.

30 Rosenlöcher: Ihr zersägt Eure Enkel, S. 39.

31 Vgl. Sergej Vasil'ev: Čelovek goroda. In: *NG*, 24.12.2009. http://novayagazeta.spb.ru/articles/5522/ (Zugriff am 01.12.2013). Auf ein intensives emotionales Verhältnis, der „Liebe“ der Dresdner bzw. Petersburger zu ihren Städten wird hingewiesen in Gabriela B. Christmann: *Dresdens Glanz, Stolz der Dresdner. Lokale Kommunikation, Stadtkultur und städtische Identität*. Wiesbaden: Deutscher Universitäts-Verlag 2004; Boris Gladarev: Istoriko-kulturnoe nasledie Peterburga: roždenie obščestvennosti iz ducha goroda. In: Oleg Charchordin (Hrsg.): *Ot obščestvennogo k publičnomu*. St. Peterburg: Izdatelstvo Evropejskogo Universiteta v St. Peterburge 2011, S. 69–304.

Geschichte seit der Zeit August des Starken auch immer gedeutet worden sein mag[32] –, deren ‚Bürgerlichkeit' samt Einstellungen und Lebensstil in der DDR-Zeit durch Opposition gegenüber dem SED-Regime charakterisiert war. Das gravierend eingeschränkte zivilgesellschaftliche Engagement in der DDR konnte sich relativ frei im von ideologischem Kampf und staatlicher Kontrolle am wenigsten beanspruchten Bereich des Denkmalschutzes entfalten,[33] wie es bspw. mit dem Bürgereinsatz gegen die Sprengung des Pöppelmannschen Barockhauses 1981–1982 oder später mit der Bürgerinitiative IG Äußere Neustadt für die „bewahrende Erneuerung"[34] gegen den Abriss der Neustadt-Häuser der Fall war. Es gibt Stimmen in der Fachliteratur, die auch auf die Rolle der bürgerlichen Traditionen für den Beginn der ‚Friedlichen Revolution 1989' ausgerechnet in Leipzig und Dresden sowie in der breiten öffentlichen Kampagne für den Wiederaufbau der Frauenkirche verweisen.[35]

Die Petersburger Denkmalschutzbewegungen und Bürgerinitiativen zur Erhaltung der Denkmäler lassen sich als Antwort auf die gesellschaftlichen Umbrüche betrachten: während des ersten kapitalistischen Umbaus der Stadt am Anfang des 20. Jahrhunderts, in der Phase der Revolution und des danach ausgebrochenen Bürgerkriegs in den 1920er Jahren sowie während der Perestroika-Zeit.[36] Dieser letzten Welle des Engagements gilt ein besonderes Interesse, denn sie prägte nicht nur die Petersburger Denkmalschutzgeschichte, sondern schrieb zugleich die politische Geschichte der Stadt. So wird ausgerechnet eine Leningrader Denkmalschutzbewegung Mitte der 1980er Jahre zu der landesweit ersten ‚von unten' initiierten Bürgerbewegung im sowjetischen Russland, die sich mit ihren breit gefassten

32 Zu unterschiedlichen Auffassungen des Begriffs Bildungsbürgertum in Dresden siehe Knebel: *Preserve and Rebuild.*

33 Ebd. Zur Rückzugkultur und den Schutzzonen des Dresdner Refugiumsbürgertums in der DDR siehe außerdem Karl-Siegbert Rehberg: Metamorphosen des Bürgertums. Reflexionen zur Dresdner Entwicklung vom Residenzbürgertum bis zum Refugiumsbürgertum. In: *Dresdner Hefte. Beiträge zur Kulturgeschichte* 93,1 (2008): Bürgerlichkeit und Bürgertum in Dresden, S. 90–97; Paul Kaiser: Refugien unter Zugluft. Bürgerliche Lebensformen in Dresden zwischen 1945–1989. Ein Problemaufriss. In: Ebd., S. 65–74.

34 Christoph Anders: Dresden und das Bürgerengagement. In: *Dresdner Hefte. Beiträge zur Kulturgeschichte* 100,4 (2009): Zwanzig Jahre neues Dresden, S. 33–39, hier S. 34.

35 Vgl. Knebel: *Preserve and Rebuild*; Ehrhart Neubert: Protestantische Kultur und DDR-Revolution. In: *Politik und Zeitgeschichte* 19 (1991), S. 21–29.

36 Vgl. Gladarev: Istoriko-kulturnoe nasledie Peterburga.

öffentlichen Demonstrationen und Protestaktionen ohne politische Rhetorik, sondern allein durch die symbolische Präsenz im öffentlichen Raum Leningrads gegen die Entscheidungen der autoritären Stadtverwaltung durchsetzen kann.[37]

Das Ende der 1980er Jahre als ein Meilenstein der jeweiligen Stadtgeschichte wird auch in den aktuellen Diskursen miteinbezogen. Die DresdnerInnen vor der Frauenkirche, die gegen die Waldschlösschenbrücke im März 2007 demonstrierten, erinnerten Thomas Rosenlöcher an die Menschenmengen an gleicher Stelle im Dezember 1989.[38] Dieses Mal ginge es allerdings um die Erhaltung der Schönheit: „Wo aber hätte man das je gehört, dass sich über zwanzigtausend Leute […] bereitgefunden hätten, für nichts als Schönheit zu demonstrieren? Wenn das nicht doch ein Ausdruck von Dresdens Besonderheit war."[39] Der Schriftsteller deutet dabei auf eine tradierte Motivation und ein stadtspezifisches, wertorientiertes Verhalten der DresdnerInnen hin, die 1989 humanitäre und soziale Werte wie menschliche Würde und Frieden, aber auch die eigene Stadt vor den Ruinen der Frauenkirche verteidigten und die heute die Kulturgüter ihrer Stadt weiterhin höher als utilitaristische, wirtschaftliche und politische Interessen stellen .

Der Petersburger Diskurs um das Ochta-Hochhaus bezeichnet „die Petersburger Lebenseinstellung"[40] als Beweggrund hinter dem stark ausgeprägten Bürgerengagement sowohl Ende der 1980er Jahre als auch heute. Das sei „eine eigenartige Hierarchie der Werte, in der Komfort keine Priorität hat."[41] Die Petersburger wären bereit, diesen zu opfern, um den bestimmten Umgang mit sich selbst aufrechtzuerhalten: „So kann man mit uns nicht umgehen, wir lassen die Zerstörung nicht zu, wir verkaufen uns nicht für das versprochene gesicherte Leben."[42]

Aus den beiden Diskursen wird ein Argumentationsmuster bezüglich dessen ersichtlich, was sich als ‚Dresdner bzw. Petersburger Werte' bezeichnen lässt: Wenn diese bedroht sind, wehren sich die StadtbewohnerInnen aktiv dagegen bzw. setzen sich für die Bewahrung

37 Vgl. Gladarev: Istoriko-kulturnoe nasledie Peterburga.

38 Vgl. Rosenlöcher: Ihr zersägt Eure Enkel, S. 39.

39 Ebd.

40 Lichanova: Za oboronu Peterburga.

41 Ebd.

42 Ebd.

dieser Werte ein. Dieses Muster strukturiert die dargelegte Zweierbeziehung und veranschaulicht das Geben seitens der BürgerInnen bzw. das Nehmen seitens der Subjekte Dresden und St. Petersburg.
Der Petersburger Diskurs stellt ergänzend andere Mittel zur Verfügung, mit denen die Stadt als Subjekt der Beziehung diskursiv konstituiert wird. Dem Mediendiskurs zufolge empfinden die Petersburger „Liebe zu der Stadt“[43] und tragen „Schmerz darüber, dass sie ruiniert wird“[44]; im Laufe des Ochta-Konflikts werden sie „auf ihre Treue gegenüber Petersburg hin geprüft“[45] und sollen den Bau, „einen Verrat an der Stadt“[46], nicht zulassen. Eine derart aufrichtige und loyale Einstellung gegenüber Petersburg behandelt die Stadt als ein verletzbares Individuum, das eine Palette an Gefühlen und Empfindungen hat und das daher eines sensiblen Umgangs bedarf. Eine damit einhergehende Moralisierung des Verhältnisses zur Stadt wird schließlich in der folgenden, mit Hilfe von Antoine de Saint-Exupéry vermittelten Botschaft von Nikolai Žuravskij an die Petersburger manifest: „Wir sind zeitlebens für das verantwortlich, was wir gerettet haben.“[47]

4. Verbelebung durch Einbettung in die Geschichte

In den Denkmalschutzdiskursen werden Dresden und Petersburg nicht nur als Städte positioniert, die architektonisch und kulturell viel zu bieten haben, sondern sie werden auch als Diskursgegenstände durch ihre Historizität konstituiert. Seit dem 17. Jahrhundert eine fürstliche Residenzstadt von europäischem Rang, danach eine Metropole des Kaiserreiches, anschließend ein kulturelles und wirtschaftliches Zentrum der Weimarer Republik, das im 20. Jahrhundert Nationalsozialismus, Kriegsverwüstung, SED-Herrschaft sowie

43 Ljudmila Ėl’jaševa: Pis’mo tem, kto ne ljubit Peterburg. In: *NG*, 12.05.2008. http://novayagazeta.spb.ru/articles/4265/ (Zugriff am 01.12.2013).

44 Boris Višnevskij: Gazoskrëb v tumane. In: *NG*, 13.05.2010. http://novayagazeta.spb.ru/articles/5833/ (Zugriff am 01.12.2013).

45 Gustav Boguslavskij: Gazprom-test. In: *NG*, 06.09.2007. http://novayagazeta.spb.ru/articles/3699/ (Zugriff am 01.12.2013).

46 Tat’ana Lichanova: Boi za oboronu Peterburga. In: *NG*, 20.08.2009. http://novayagazeta.spb.ru/articles/5229/ (Zugriff am 01.12.2013).

47 Sergej Vasil’ev: Čelovek goroda. In: *NG*, 24.12.2009. http://novayagazeta.spb.ru/articles/5522/ (Zugriff am 01.12.2013). Vgl. mit dem Handlungsimperativ, den Gladarev den Peterburger StadtaktivistInnen in seinem Beitrag „Istoriko-kulturnoe nasledie Peterburga“ unterstellt.

eine lange Phase des Wiederaufbaus erlebte – die Verflechtungen der Geschichte Dresdens der letzten 350 Jahre ordnen sich in die Narration über Dresden und ihr Erbe ein. So sollten die DresdnerInnen einen tiefen Sinn dafür entwickeln, „was historisch über Jahrhunderte entstanden ist, nach dem Krieg zerstört war und wieder auf wunderbare Weise aufgebaut wurde.“[48] Eine besondere Aufmerksamkeit wird dabei der ‚Auferstehung‘ Dresdens geschenkt: „Nach Krieg und Diktaturen des 20. Jahrhunderts gelang es der Stadt, wieder zu früherem Glanz und internationaler Aufmerksamkeit zurückzufinden und im Konzert europäischer Kulturstädte mitzuspielen.“[49] Dieser historische Exkurs erweitert den Deutungskontext der Stadt um ethische Implikationen: Das Durchsetzungsvermögen Dresdens sei besonders ehrenwert, daher ist es „die moralische Verpflichtung“[50] der DresdnerInnen für das Überleben der Stadt bzw. für das der Dresdner Werte und ihr Erbe zu sorgen. Dresdner-Sein hieße darüber hinaus, sich der Aufgabe der Erhaltung des städtischen Erbes kontinuierlich zu stellen, diese Last zeitlebens zu tragen, „die Last, ein Dresdner zu sein.“[51] „Der ungeheure Wille, die Vergangenheit zurückzuholen“[52], der Dresden im Brückendiskurs zugeschrieben wird, positioniert die Stadt als eine handelnde Akteur, die „sich nach [ihrer] Zerstörung so beeindruckend zurückgemeldet hat.“[53] Ihre Kreativität und Handlungsmacht wird jedoch häufig im Zusammenhang mit ihren BürgerInnen thematisiert, denn „der Dresdner [...] ist eine Widerstandsleistung.“[54]

Für den Diskurs über Petersburg, das als ein grandioses russisches Europäisierungsprojekt[55] im 18. Jahrhundert ins Leben gerufen wurde und dessen Biografie bisher drei Revolutionen, unzählige soziale Umbrüche, den Horror des Krieges sowie mehrere politische

48 Hannusch: „Dieser Blick gehört der ganzen Welt“, S. 13

49 Reinhard Decker: Dresdner Appell zum Erhalt des Welterbestatus, 15.06.2009. http://www.welterbe-erhalten.de/unterschriftenliste (Zugriff am 21.10.2012).

50 Enterbt (Offener Brief), 12.05.2006. http://archiv.welterbe-erhalten.de/nachrichten/zeitungsschau/10.-august-2007---offener-brief-von-mitarbeitern-der-staatlichen-kunstsammlungen.html (Zugriff am 01.12.2013).

51 Rosenlöcher: Ihr zersägt Eure Enkel, S. 39.

52 Valeria Heintges: Wenn Dresden stur ist, sind wir es auch. In: *Sächsische Zeitung*, 10.05.2008, S. 9.

53 Ebd.

54 Rosenlöcher: Ihr zersägt Eure Enkel, S. 39.

55 Vgl. Kagan: *Grad Petrov*.

Regime und Namensänderungen – Petersburg, Petrograd, Leningrad, Petersburg – einschließt, werden Narrative der historischen Entwicklung bzw. Erlebnisse ebenfalls als relevant hervorgehoben. Der mediale Ochta-Diskurs (wie auch andere auf die Stadt bezogene Diskurse) begründet die Einzigartigkeit von Petersburg nicht nur durch seine geografische Lage als ein Stadt-Archipel an der Ostsee, sondern durch seine Gründung an der oberen Frontlinie im Laufe des Großen Nordischen Kriegs (1700–1721). Seine künstliche Entstehung durch große Anstrengungen[56] von hunderttausenden Untertanen des Zaren Peter des Großen auf dem Sumpf des Flusses Newa sowie die weitere Stadtentwicklung werden dabei als „eine große Erschaffung der Völker Russlands, ihr gemeinsames Werk im Laufe von drei Jahrhunderten"[57] charakterisiert. „Daher sollte die historische Gestalt Petersburgs unberührt bleiben. Heute aber wird diese bedroht, genauso wie vor 66 Jahren [...]."[58]
Im Ochta-Diskurs stellt die Leningrader Blockade im Zweiten Weltkrieg, die nach unterschiedlichen Schätzungen mehr als eine Millionen Leben kostete und die eine besondere Stellung in der Stadtgeschichte und in der städtischen Mythologie einnimmt, eine wichtige Bezugsgröße dar. „Wir sehen", sagt der Appell des Komitees für den Schutz Petersburgs an die StadtbewohnerInnen, „wie Petersburg vernichtet wird, das von unseren Vorfahren gebaut wurde, das unsere Großväter während der Leningrader Blockade verteidigt haben und dessen Kriegswunden unsere Väter liebevoll geheilt haben."[59] Die Kontextualisierung Petersburgs als eine Stadt mit einer schweren Vergangenheit appelliert an die Pflichtgefühle der BürgerInnen, dem Leiden der Stadt einen Tribut zu zollen und ihre Leistungen anzuerkennen. Der Ochta-Diskurs emanzipiert die Stadt noch mehr dadurch, dass Petersburg aus der historischen Entwicklung heraus eine Ausrichtung auf Abwehr als eine innewohnende Charakteristik zugeschrieben

56 Die Arbeitsbedingungen, einschließlich der Feuchtigkeit auf dem für die Stadtgründung wenig geeigneten Sumpfboden, sollten die Bauarbeiten wesentlich erschweren. So wird die Gründung Peterburgs in der russischen Belletristik sowie in der historischen Literatur häufig als ein Ereignis mythologisiert, das viele Menschen das Leben kostete. Vgl. Ekaterina Andreeva: Peterburg – „gorod na kostjach"? (O mifologizirovanii istorii). In: *Voprosy filosofii* 6 (2013), S. 29–37.

57 Ebd.

58 Ebd.

59 Obraščenie orgkomiteta marša za sochranenie Peterburga. In: *NG*, 11.09.2008. http://novayagazeta.spb.ru/articles/4515/ (Zugriff am 01.12.2013).

wird, denn „diese Stadt setzte sich all die 300 Jahre ihrer Existenz nicht nur Feindlichkeit und Eigenwille der Natur entgegen, sondern wehrte sich gegen die eigenen BewohnerInnen, die mehrmals versuchten, Petersburg zu ändern.“[60] Wie das immer wieder möglich war, zeigt der Diskurs, indem er die Stadt zu „einem inspirierenden Faktor“[61] bzw. „einem vereinigenden Faktor“[62] erklärt, der ihre BürgerInnen häufig zum Handeln mobilisierte, z. B. „der aufgrund ihrer einzigartigen Eigentümlichkeit in den Blockadetagen [...] die leidende Bevölkerung in einen einzigen lebendigen Organismus, in eine Form der Zivilgesellschaft vereinigte“[63] oder „Menschen unter der Devise des Schutzes und der Erhaltung der historischen Stadtgestalt versammelte.“[64]

Die Moralisierung des Diskurses, welche die BewohnerInnen zu Dankbarkeit und ‚Zurückzahlung‘ an die Städte verpflichtet, erfolgt demzufolge im Wesentlichen über systematische Rückgriffe auf ausgewählte Ausschnitte der Stadtbiografien. Ein generalisiertes Argumentationsmuster sieht dabei folgendermaßen aus: Da Dresden bzw. Petersburg viele dramatische Erlebnisse in ihrer Geschichte erlitten und selbst den Krieg bzw. die totalitären Regime überstanden haben, soll man um so sensibler mit dem Kulturerbe der Städte umgehen und sie bewahren. Neben den vielen Erlebnisse des Leidens hebt der Mediendiskurs demnach das damit einhergehende Überlebenspotenzial hervor, das den Städten ein Durchsetzungsvermögen und eine Willenskraft zuschreibt. Dies positioniert sie zum einen weiterhin als Subjekte von Austauschbeziehungen, deren Vergangenheit ihre Verletzbarkeit und Schutzbedürftigkeit signalisiert. Andererseits schafft dies zwei Facetten der Subjektgestalt: Opfer der Geschichte[65] und

60 Lichanova: Za oboronu Peterburga.

61 Boguslavskij: Gazprom-test.

62 Ebd.

63 Ebd.

64 Ebd. – Ein interessanter Aspekt der dargestellten Stadt-Bewohner-Symbiose in beiden Fällen ist der, dass die Widerstandsleistung für die Erhaltung der ‚städtischen Werte‘ nach dem Diskurs sowohl von den BewohnerInnen als auch von den Städten selbst ausgeübt wurde. Die Begriffe „Dresden“ und „Dresdner“ sowie „Petersburg“ und „Petersburger“ werden dabei nicht nur synonym verwendet. Das Einsetzen der „Städte“ als Akteure und somit das Miteinbeziehen des Metaphysischen zielt eher auf die Wirkungskraft der Diskurse ab, die sich durch die Stärke und einen mythologisierten Charakter des Widerstands emotionalisieren sollten.

65 Hier ist anzumerken, dass der Brückendiskurs keine Opfergeschichte einer ‚unschuldigen‘ Stadt schreibt.

zugleich durchsetzungsfähige Figur, die den Schlägen der Geschichte widersteht.

Dass das Subjekt Stadt im Wesentlichen als ein Prozess und ein Produkt der ständigen Leistungen der BürgerInnen im Laufe der Geschichte dargestellt wird, zeigt in beiden Denkmalschutzdiskursen besonders deutlich das Thema der Weitergabe der Verpflichtungen zum sorgfältigen und liebevollen Umgang mit der Stadt an die künftigen Generationen. „Erstaunlich viele Nachwuchsdresdner, die [...] ihrerseits Nachwuchsdresdner in Kinderwagen bugsierten", stellt Rosenlöcher bei der Demonstration gegen die Brücke und für den Erhalt des Welterbes in der *Zeit* fest. – „Und außerdem auffällig viele, die ich schon von 89 her kannte [...]. Und als ich uns 89er nun [...] sah, wusste ich, dass es hier auch um uns selbst ging. Um unser eigenes Beharrungsvermögen."[66]

Es handelt sich um eine fast zum Selbstzweck verwandelte, tradierte Einsatzbereitschaft, eine Art stadtspezifische Sozialisation mit einhergehenden Moralvorstellungen und Praktiken.[67] So soll auch in Petersburg der symbolische Tausch zwischen der Stadt und ihren BewohnerInnen weiter aufrechterhalten werden, um das Besondere der Stadt zu bewahren und zu vermeiden, dass „künftige Petersburger nicht in dieser einzigartigen Stadt, sondern in einer chaotischen Anhäufung von Baukonstruktionen leben"[68] und Petersburg „nur aus den Archivfotos und alten Filmen kennenlernen."[69]

5. Verbelebung als Diskursstrategie zur Verstärkung des Moralisierungseffekts

Die Subjekte Dresden bzw. St. Petersburg sind somit Prozesse einer diskursiven Konstruktion, die durch historische Narrative mitgestaltet wird. Die Konstruktionsleistung der belebten Stadtgestalten

66 Rosenlöcher: Ihr zersägt Eure Enkel, S. 39.

67 Exemplarisch dafür, wie die ‚Vererbung' dieser Einsatzbereitschaft funktioniert, ist Gladarevs Untersuchung der Evolution von Einstellungen, Zielen und Methoden der Peterburger Bürgerinitiativen zum Schutz des Architekturerbes der Stadt seit den 1980er Jahren in seinem Beitrag „Istoriko-kulturnoe nasledie Peterburga". Auf Bürgerengagement als eine städtische Tradition wird auch in der Literatur über Dresden hingewiesen – siehe den Überblick dazu bei Christmann: *Dresdens Glanz, Stolz der Dresdner*.

68 Valerija Strel'nikova: Jurij Mamin: bašnju na ochte stroit grjaduščij cham. In: *NG*, 10.09.2009. http://novayagazeta.spb.ru/articles/5274/ (Zugriff am 01.12.2013).

69 Obraščenie orgkomiteta.

geschieht sowohl mittels der anthropomorphen Rhetorik, dem ‚Leib-Seele'-Dualismus, als auch durch die Praxis des Gebens und Nehmens sowie anderen für die Verbelebung bzw. die Subjektbildung konstitutiven Beziehungen. Durch die hervorgehobenen Argumentationsmuster stiftet der Diskurs die Stadt als aktive Teilnehmerin des Austauschprozesses zwischen ihr und ihren BewohnerInnen bzw. als Akteur der Beziehungen, in denen sie etwas Wertvolles bietet und dadurch die EmpfängerInnen gegenüber sich verpflichtet. Diese moralische Verpflichtung definiert im Wesentlichen das Dresdner- bzw. Petersburger-Sein. Die Beziehung ähnelt jener zu den eigenen Eltern: Die Sorge um die Stadt, die zum Teil aus Dankbarkeit resultiert, wird als lebenslange Aufgabe und daher als eine Last empfunden. Das In-Bezug-Setzen zur Geschichte ist ein Teil dieser diskursiven Strategie, die durch die stadtbiografischen Bezüge die handlungsrelevanten Motivationen für die StadtbürgerInnen liefert.

Durch die Strategie der Verbelebung verstärkt der moralisierende Diskurs um das städtische Erbe, der einer Mobilisierung der Öffentlichkeit zu diesem Thema mittels zahlreicher normativer Handlungsanweisungen dient, seinen Effekt. Eine emotionale Bindung und das damit einhergehende Pflichtgefühl gegenüber einer belebten Figur, die im Diskurs umso verletzlicher dargestellt werden kann, sind intensiv(er). Die Bezüge zur Stadtbiografie ergänzen ihrerseits die Verbelebungspraxis des Gebens und Nehmens, indem sie Dresden und Petersburg eine Fähigkeit zum Leiden sowie Auferstehungskraft unterstellen. Der mediale Bewahrungsdiskurs greift städtische Identitätszuschreibungen auf und bildet sich demzufolge anhand der Erzählformen, die durch so eine Verbelebung emotionaler wirken. In den Städten, in denen wie in Dresden und St. Petersburg das bauliche Erbe immer schon ein großes Mobilisierungspotenzial hatte und zur Durchsetzung politischer Interessen instrumentalisiert wurde, kommt diese emotionalisierende lokale Diskursstrategie als Antwort auf den globalen Modernisierungsdiskurs zur Geltung.

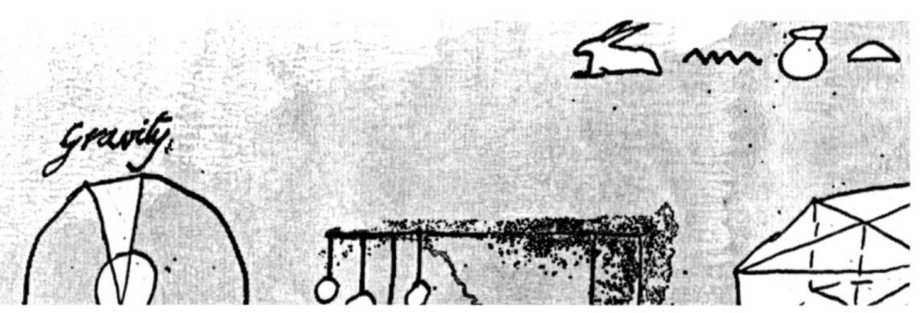
Gravity

Spielweisen des Maßnehmens und Maßgebens

Ein Kommentar zu *Nebulosa* 04/2013 von Daniela Kuka

Die Beiträge in *Nebulosa. Zeitschrift für Sichtbarkeit und Sozialität* 04 zum Thema „Maßnehmen/Maßgeben" machen eine ambivalente Wirkungslogik von Diskursen und Praktiken der Vermessung bei der Konstitution sozialer Ordnungen deutlich. Das Maß ist auf der einen Seite *produktiv* – es konstituiert Gegenstände und macht eindeutig bestimmbar, ermöglicht Objektivität, Unterscheidung und Vergleichbarkeit.[1] Es unterstützt Planung, Organisation und Bewertung[2] und integriert Individuen und Organisationen in Orientierungs- und Selbstvergewisserungssysteme[3]. Es suggeriert Interesse am Gemeinwohl, macht Unsichtbares sicht- und kontrollierbar und generiert „Applikationsfolien" sowie auch „immer neue Normalitätsfelder" zur Reduktion von Handlungs- und Planungsunsicherheit.[4] Das Maß schafft verbindliche Referenzsysteme, die nicht nur Standards sichern, sondern auch Innovationen provozieren und das Neue vor dem Hintergrund des schon Bekannten identifizier- und bewertbar machen.[5] Dabei wirken die durch Diskurse und Praktiken der Vermessung hervorgebrachten Klassifizierungs-, Normierungs- und Bewertungssysteme jedoch zugleich *repressiv* – das Maß verfügt auch über die Gegenstände, die es bildet, gibt wertende Kategorien, Richtwerte und Kennzeichnungen vor, verlangt nach Quantifizierung des Nichtquantifizierbaren und zwingt Kreativität und Experiment in standardisierte und ökonomisch bewertbare Abläufe.[6] Es markiert Differenzen, richtet Subjekte nach fremden Maßstäben und in den

1 Vgl. Frank Engster: Maßgeblichkeit für: sich selbst. Das Maß bei Hegel und Marx. In: *Nebulosa. Zeitschrift für Sichtbarkeit und Sozialität* 4 (2013), S. 33–48, hier S. 35, 39, 40, 43.

2 Vgl. Bojana Kunst: Das zeitliche Maß des Projekts. In: *Nebulosa* 4 (2013), S. 49–63, hier S. 56.

3 Vgl. Hannelore Bublitz: Vermessung und Modi der Sichtbarmachung des Subjekts in Medien-/Datenlandschaften. In: *Nebulosa* 4 (2013), S. 21–32, hier S. 21–22.

4 Vgl. ebd., S. 24, 29.

5 Vgl. Christian Sternad: Das Maßlose des Werkes. Martin Heidegger und Maurice Blanchot über den Ursprung des Kunstwerks. In: *Nebulosa* 4 (2013), S. 81–94, hier S. 93.

6 Vgl. Kunst: Das zeitliche Maß des Projekts, S. 52.

Grenzen medial konstituierter Darstellungsschablonen zu und verortet sie im Koordinatensystem digitaler Datenlandschaften.[7] Das Maß wirkt nicht nur typenbildend, sondern auch stereotypisierend, stigmatisierend und im Extremfall diskriminierend.[8] Soziale (Teil-)Systeme, die durch Maßnehmen und Maßgeben reguliert werden, schaffen – ob strategisch motiviert oder als kultureller Nebeneffekt – Räume symbolischen oder gar physischen Ausschlusses. Integriert in Techniken des Selbst legitimiert das Maß Anpassungsdruck und Sanktionen, auch (oder vielleicht insbesondere) in sich als demokratisch und liberal verstehenden Gesellschaften.[9]

Eine zugleich repressive *und* produktive Lesart des Maßes soll von der doppelten Machthypothese Michel Foucaults aus gedacht werden: In *Der Wille zum Wissen* argumentiert er, dass Macht nicht nur unterdrückende Effekte habe, sondern eng verflochten sei mit der Produktion von Wissen.[10] Diskurse und Praktiken des Maßnehmens und Maßgebens bilden solche verzahnten Systeme der Macht- und Wissensproduktion. Sie generieren Wissen über den Menschen und seine Umwelt, das zur Voraussetzung für die Organisation des Lebens wird. Nicht zufällig fußen dominante westliche Leitdiskurse – Sicherheit, Gesundheit und Effizienz – auf einem engmaschigen System der Überwachung (Risikoprävention), der Kontrolle (Qualitätssicherung) und der Bewertung (Wettbewerbsfähigkeit). Doch Menschen entziehen sich auch den sie klassifizierenden Mächten und lehnen sich gegen herrschende Kategorisierungen auf. In *Subjekt und Macht* sieht Foucault darin einen zentralen Machtkampf, der sich „gegen jene Abstraktionen und jene Gewalt“ richtet, „die der ökonomische und ideologische Staat ausübt, ohne zu wissen wer wir als Individuen sind, wie auch gegen die wissenschaftliche oder administrative Inquisition, die unsere Identität festlegt.“[11] Gemeint ist eine Machtform, die „dem unmittelbaren Alltagsleben [gilt], das die Individuen in Kategorien einteilt, ihnen ihre Individualität zuweist, sie an ihre

7 Vgl. Bublitz: Vermessung und Modi der Sichtbarmachung, S. 25, 26.

8 Vgl. Mirus Fitzner: Maßnehmen als rassistische Praxis. In: *Nebulosa* 4 (2013), S. 110–124, hier S. 121, 122–123.

9 Vgl. Fanti Baum: All this Useless Beauty. In: *Nebulosa* 4 (2013), S. 95–109, hier S. 97.

10 Michel Foucault: *Der Wille zum Wissen.* Frankfurt am Main: Suhrkamp 1983.

11 Michel Foucault: Subjekt und Macht. In: Ders.: *Analytik der Macht*, hrsg. v. Daniel Defert. Frankfurt am Main: Suhrkamp 2005, S. 240–263, hier S. 245.

Identität bindet […].“[12] Die Macht der Abstraktion, Kategorisierung und Zuschreibung wird nun nicht mehr nur vom Staat, den Institutionen und den Verwaltungsapparaten ausgeübt, sondern kann zum Beispiel auch von Technologieunternehmen übernommen werden, die Daten über Subjekte sammeln, auswerten und zur Grundlage ihrer Operationen machen.[13]

Die Kippstelle zwischen *produktiv wirksamen* und als *repressiv erfahrenen* Verfahren des Maßnehmens und Maßgebens liegt dabei jedoch nicht schon in der Tatsache begründet, *dass* überhaupt ge- und vermessen wird, sondern *wie*. Frank Engster beschreibt die Erschaffung von Maßen als „tautologischen“ Prozess[14], da das Maß aus dem Gegenstand gewonnen wird, den es dann später vermisst. Das Maß kann sich also stets selbst legitimieren und korrigieren, da es kein anderes Referenzsystem als sich selbst kennt. Es tendiert dazu, alles vorwegzunehmen und zu integrieren, was der Fall sein kann. Hierin liegt das Risiko, hermetische Systeme zu erschaffen, deren Kriterien und Regeln der Differenzierung, Klassifizierung und Bewertung nicht mehr hinterfragt werden können. Nur wenn die Kriterien und Regeln des Maßnehmens und Maßgebens transparent sind und dabei zugleich *von außen* als arbiträr erfahren werden können, können sich Subjekte gewaltfrei gegen repressive Effekte auflehnen, sich ihnen entziehen oder die Ausbildung neuer Kategorien provozieren. Dieser Aspekt bleibt in *Nebulosa* 04 unterbelichtet und soll deshalb ihm Rahmen des Kommentars ausführlicher diskutiert werden. Die Notwendigkeit der Perspektive verschärft sich derzeit durch die Diffusion quantifizierender und algorithmisch bewertender Verfahren in alltägliche Nutzungspraxen digitaler Medientechnologie. Wo Vermessung beschleunigt, automatisiert und delegiert wird und Online- und Offline-Raum emergieren, werden Daten und Algorithmen möglicherweise zum Organisationsprinzip von sozialen Realitäten. Der Diagnose, dass die Kampfzone um „immer neu zu erschließende Normalitätsfelder“[15] nun bis ins Schlafzimmer ausgeweitet,

12 Ebd.

13 Zum Stigmatisierungspotenzial von auf Nutzerdaten basierenden Services vgl. Zygmunt Bauman / David Lyon: *Daten, Drohnen, Disziplin. Ein Gespräch über flüchtige Überwachung.* Berlin: Suhrkamp 2013, S. 153–156.

14 Engster: Maßgeblichkeit für: sich selbst, S. 35

15 Bublitz: Vermessung und Modi der Sichtbarmachung, S. 30.

so selbst noch das Private ökonomisiert wird[16], lässt sich zustimmen. Auch jener, dass den Medien eine zunehmend repressive Funktion als „Applikationsfolien der Differenzierung und Normalisierung der Subjekte“[17] zukommt. Beides greift jedoch zu kurz, soll über mögliche Zukünfte einer zunehmend durch Daten und Algorithmen organisierten sozialen Realität spekuliert werden. Eine Analyseperspektive sollte im Sinne einer Akteur-Netzwerk-Beziehung[18] berücksichtigen, wie technische Artefakte, Interfaces und Algorithmen zu Mitgestaltern sozialer Wirklichkeiten werden. Mich interessieren in diesem Zusammenhang vor allem drei Perspektiven, die ich als Fortführung und Ergänzung ausgewählter Beiträge aus *Nebulosa* 04 anbieten möchte: 1) *Gamifizierte Kontrolle*, 2) *Delegierte Sozialität* und 3*) Mit Maßregeln spielen.*

Gamifizierte Kontrolle

Die Community-Webseite *quantifiedself.com* verzeichnet über 500 Tools, Applikationen und Dienste zur Selbstvermessung in unterschiedlichen Lebensbereichen und -situationen.[19] Das dahinter liegende Versprechen ist eine Technologie, die uns besser kennt als wir selbst – schlechte Angewohnheiten, verfehlte Selbsteinschätzung, verdächtige Verhaltensmuster. Die Technologie darf und soll uns als Mängelwesen sichtbar machen, sie *produziert* den Mangel durch auf Quantifizierung beruhende Referenzsysteme und schafft Anreize für Verhaltensänderungen. Sie tritt dabei jedoch nicht als Kontroll- und Normierungstechnologie in Erscheinung. Erkenntnisse aus einer semiotischen Interface-Analyse[20] von ausgewählten Selbstoptimierungsdiensten und Vorstudien zum Projekt *Social Quantified Self (SQS)*[21] haben gezeigt, dass sie auf Spielmustern beruhen.

16 Bublitz: Vermessung und Modi der Sichtbarmachung, S. 32

17 Ebd., S. 30.

18 Bruno Latour: *Wir sind nie modern gewesen.* Frankfurt am Main: Suhrkamp 1998.

19 http://www.quantifiedself.com (Zugriff am 11.02.2014).

20 Vgl. dazu Daniela Kuka / David Oswald: The Visual Rhetoric of Self-Optimization Systems. AISV-IAVS Proceedings, 10th Congress of the International Association of Visual Semiotics, 4.–8. September 2012, Buenos Aires, Argentinien. http://www.david-oswald.de/downloads/VisualRhetoricOfSelfOptimization-kuka-oswald.pdf (Zugriff am 11.02.2014).

21 Vgl. dazu Social Quantified Self 2012. http://social-qs.net (Zugriff am 11.02.2014).

‚*Gamification*'[22] wird zum zentralen Design-Prinzip.[23] Wenn Hannelore Bublitz argumentiert, dass es zu einer Inkorporation von Kontroll- und Normierungstechniken kommt, durch die sich die Arenen des Maßnehmens und Maßgebens stetig ausweiten,[24] dann könnte ein zentraler Treiber dieser Entwicklung die Umcodierung von Kontrolle und Optimierung in Spielerlebnisse sein.

Die Ernährungs-App *The Eatery* gamifiziert beispielsweise die Optimierung von Essverhalten. Eine Community von Nutzern[25] bewertet Fotografien von Getränken, Frühstücksriegeln, Obst, Mittag- und Abendessen, Salat, Snacks und Süßigkeiten. Nutzer treten zum Wettbewerb um einen besseren Score an. Jedes Fotos schlägt sich durch einen statistischen Mittelwert aller Bewertungen auf einer Skala von 0 (fat) bis 100 (fit) auf den Tages-Score nieder. Ein digitales Dashboard, das eine analoge Personenwaage (oder doch ein Autotachometer?) imitiert, zeigt an: Noch im grünen Bereich, 84 von 100. Was dieses Verhältnis außerhalb des von der App selbst geschaffenen Referenzrahmens ausdrückt, bleibt ungewiss. Kriterien der Bewertung und die Regeln zur Generierung von Zeichen und Aussagen bleiben im Dunkeln bzw. werden implizit auf Basis erlernter Stereotype reproduziert. Zwei identische Gerichte führen so – unterschiedlich arrangiert, beleuchtet und fotografiert – auch zu sehr unterschiedlichen Bewertungsergebnissen. Varianten von Spinat und Fisch erreichen eine maximale Differenz von 28 Punkten. Ästhetik wird nur zufällig – durch eine Provokation des Nutzers – als unbewusst wirksames Kriterium bei der Bewertung von gesundem Essen sichtbar. In der vorgegebenen Bewertungssemantik der App, die nur fit und fat

22 Hier verwendet als „the use of game design elements in non-game contexts", vgl. Sebastian Detering / Rilla Khaled / Lennart Nacke / Dan Dixon: *From Game Design Elements to Gamefulness: Defining „Gamification"*. *MindTrek'11*, 28.–30. September 2011, Tampere, Finnland. ACM, S. 10.

23 Vgl. BJ Fogg: *Persuasive Technology: Using Computers to Change What We Think and Do.* San Francisco: Morgan Kaufmann 2003, S. 255–261; Harri Oinas-Kukkonen / Marja Harjumaa: Systematic Framework for Designing and Evaluating Persuasive Systems. In: *Persuasive Technology. 3rd International Conference Proceedings*, hrsg. v. Harri Oinas-Kukkonen / Per Hasle / Marja Harjumaa / Katarina Segerståhl / Peter Øhrstrøm. Berlin / Heidelberg: Springer 2008, S. 164–176; Dan Lockton / David Harrison / Neville A. Stanton: *Design with Intent: 101 Patterns for Influencing Behaviour Through Design* v.1.0. Windsor: Equifine 2010.

24 Vgl. Bublitz: Vermessung und Modi der Sichtbarmachung, S. 29.

25 Für eine bessere Lesbarkeit verzichte ich auf Formen wie NutzerInnen / SpielerInnen / ProbandInnen und fasse unter der jeweils maskulinen Bezeichnung weibliche Personen in gleicher Weise.

unterscheidet, verfälscht jedoch jedes nicht durch Nährwerte erklärbare Bewertungskriterium das Ergebnis. Ein Dürüm-Döner erzielt als Foto 32 Punkte, die textuelle Aufzählung seiner Bestandteile (Lammfleisch, Salat, etwas Fladenbrot mit Knoblauchsoße) dagegen 54 Punkte. Süßkirschen im Winter bringen zwar einen guten Score, jedoch auch Tadel aus der Community für den ökologischen Fußabdruck – nutzergenerierte Maßregelung nach wechselnden Bewertungsmaßstäben. Durch eine Portion Rote Beete lässt sich der Tagesscore erheblich aufbessern, denn alle Bewertungen fließen mit gleicher Gewichtung in die Gesamtbewertung ein. Nach fünf Tassen Kaffee auf nüchternen Magen steht man im Gegensatz zum tatsächlichen Körpergefühl eigentlich noch ziemlich gut da. Beim Bewerten der Gerichte gerät der Nutzer schnell in Entscheidungskonflikte: Nüsse – fit or fat? Steak – fit or fat? Salat mit Smarties – fit or fat? Die stark abstrahierte und vereinfachte Bewertungslogik lässt sich nicht konsistent anwenden.

Dieser kurze Einblick in ein dreiwöchiges Selbstexperiment mit der Ernährungs-App *The Eatery* macht die Problematik deutlich, dass Kriterien und Regeln der Bewertung von gutem Essen subjektiv und kontextabhängig sind. Das Interaktions-Design kombiniert Mechanismen des agonalen[26] Spiels mit Präzisionsmetaphern aus der Ingenieurstechnik, der Ökonomie und den Sozialwissenschaften, um die Glaubwürdigkeit zu erhöhen[27]: Selbst-Monitoring in Form eines personalisierten Dashboards, Erfolgskurven wie Handelsdiagramme und Börsencharts, Punkte- und Rankingsysteme mit statistischen Vergleichen, Erfolgs-Levels, Belohnungsprinzipien. Nutzer liefern sich freiwillig simulierten oder realen kompetitiven Situationen aus und wandeln so langweilige oder unangenehme Tätigkeiten in unterhaltsame und herausfordernde „Challenges" um („Jogger des Tages werden" vs. „Joggen gehen").[28] Eine visuelle Rhetorik der Kontrolle von Märkten und Maschinen richtet sich jetzt auf den menschlichen Körper. Das visualisierte Feedback unterstellt eine Identifikation des Selbst mit dem Datensatz und wirkt wie ein sechster Sinn, der Unbewusstes registrieren und in Körper-Zeichen umwandeln kann. Bublitz spricht hier meines Erachtens zu pauschal von „Modi der

26 Vgl. Roger Caillois: *Man, Play and Games*. Illinois: Simon & Schuster 1961.

27 Kuka / Oswald: Visual Rhetoric of Self-Optimization Systems, S. 4.

28 Vgl. z. B. die App *Goalympia*.

Sichtbarmachung“, denn es findet keine *Abbildung* von Subjektdaten statt, sondern eine *Übersetzung* und Transformation abstrakter Informationen in Bedeutung: Normaler Schlaf, normales Essen, normale Bewegung, normale Arbeitsleistung, normales Kommunikationsverhalten, normaler Umgang mit Geld, normale Stimmung, normaler Sex – auf Basis welcher Referenzwerte, Modelle, Kriterien und Auswertungsregeln wird das errechnet? Welche Prämissen über gesundes Leben und Essen bestimmen das Rating der Nutzer? Welche nicht erfassbaren Abhängigkeiten und Einflüsse verfälschen das Ergebnis? Diese Fragen verschwinden hinter einem simplifizierten Kausalitätsprinzip: *Kurve steigt, Optimierung erfolgreich.* Problematisch ist dabei weniger die Verschärfung repressiver Mechanismen durch steigenden Optimierungsdruck auf das Individuum, sondern die Tatsache, dass quantifizierende Bewertungsverfahren nicht auf Einstellungs- sondern ausschließlich auf Verhaltensänderungen durch kurzfristige Stimuli programmiert sind. Sie bedienen sich extrinsischer Anreizsysteme und wirken durch affektive Konditionierung[29] statt durch kognitive oder erfahrungsbasierte Lernzyklen. Kritische Selbsteinschätzung, intuitives Körperwissen und der Umgang mit unsicheren Entscheidungssituationen werden an Feedback generierende Maschinen *delegierbar*[30].

Florian Rötzer hat ein epistemologisches Spielverständnis formuliert, das eine Gamifizierung von Machttechnologien besonders problematisch erscheinen lässt: Er unterscheidet zwischen *Spielen erster Ordnung* und *Spielen zweiter Ordnung.*[31] Sie unterscheiden sich vor allem darin, dass wir uns in Spielen zweiter Ordnung bewusst sind, dass wir spielen, während wir Spiele erster Ordnung als faktische Realität wahrnehmen. Wir akzeptieren ihre Regeln also weitestgehend unbewusst. Nur durch Spiele zweiter Ordnung können wir die unbewussten Spielregeln der ersten Ordnung sichtbar machen, kritisch reflektieren, kommentieren, parodieren und experimentell verändern. Sie können also alternative Realitäten erschaffen, die eine kritische Distanz zu den tautologischen Referenzsystemen der Differenzierung und Bewertung der ersten Ordnung ermöglichen. Gamifizierung zielt

29 Vgl. Nir Eyal: How to Manufacture Desire? Blogbeitrag 2012. http://www.nirandfar.com/2012/03/how-to-manufacture-desire.html (Zugriff am 11.02.2014).

30 Vgl. Robert Pfaller: *Ästhetik der Interpassivität.* Hamburg: Philo Fine Arts 2008.

31 Florian Rötzer: *Ist das Leben ein Spiel? Aspekte einer Philosophie des Spiels und eines Denkens ohne Fundamente.* Berlin: Buchhandlung Walther König 2013.

jedoch genau auf das Gegenteil: auf die Minimierung und schließlich Tilgung dieser Differenz, indem Mechanismen des Spiels zweiter Ordnung auf Arbeitsvorgänge und Alltagshandlungen (Spiele erster Ordnung) übertragen werden. Eine kritische Distanzierung von den Spielen erster Ordnung (z. B. von Kriterien der Leistungsbewertung) ist damit nicht mehr möglich, denn die Mittel ihrer Kritik werden nun als Mittel ihrer Stabilisierung und Verstärkung instrumentalisiert. Gesellschaftliche Strukturen, die das Subjekt als Mängelwesen hervorbringen, bleiben unhinterfragt. Das Spiel legitimiert und popularisiert repressive Verfahren der Vermessung, indem Selbstoptimierung als freiwillige, die pragmatischen Zwänge des Alltagslebens überwindende und intensivierte Selbsterfahrung erlebt wird. Es müssen sogar stets neue Optimierungsanlässe geschaffen und die Herausforderungen gesteigert werden – nichts ist langweiliger als ein Spiel, in dem alles schon erreicht wurde. Dabei muss der Nutzer nur ein vorgegebenes Bewertungsschema bedienen, um erfolgreich zu sein. Das führt – die Argumentation von Bojana Kunst aufgreifend – zu unhinterfragten Selbsteinschränkungsbemühungen statt zur Erweiterung des eigenen Handlungsspektrums. Fehlende intrinsische Motivation wird durch Belohnungsprinzipien extern simuliert und bleibt folglich nur solange wirkungsvoll, wie die Nutzer an das gamifizierte System ‚angeschlossen' bleiben.

Delegierte Sozialität

Mirus Fitzner und Fanti Baum betonen in ihren Beiträgen die repressive Funktion des Maßes, indem es Subjekten Eigenschaften zuschreibt, die auf normativen Klassifizierungs- und Bewertungsmodellen beruhen. Dadurch werden Angriffsflächen für die Stigmatisierung und Diskriminierung sozialer Gruppen oder ihrer Eigenschaften geliefert.[32] Es entstehen Unsagbarkeiten und unhinterfragte Ideale.[33] Digitale Technologien erschaffen durch das Vermögen zur Quantifizierung des früher Nichtquantifizierbaren und die Interpretation riesiger Datenmengen neue Kontexte, Modelle und Kategorien für soziale Zuschreibungen und Klassifizierungen. Die *Massive Health*-Studie extrapoliert beispielsweise die Essgewohnheiten von sozialen Gruppen und übersetzt die Ergebnisse in Aussagen, die über

32 Fitzner: Maßnehmen als rassistische Praxis, S. 119–123.

33 Baum: All this Useless Beauty, S. 95.

die Bewertung des individuellen Essverhaltens hinausreichen und nicht nur ungesunde Verhaltensweisen, sondern auch Beziehungen zu ungesund lebenden Personen stigmatisieren („Who eats what?"; „Eating habits are contagious").[34]

Die repressive Wirkung von Zuschreibungen auf der Basis von digitalen Daten verschärft sich, wenn wir von einer Verschmelzung von physischem und digitalem Raum ausgehen. Digitale Profile sind keine Spielwiesen für alternative Identitäten mehr, sondern werden durch Klarnamen, georeferenzierte Dienste und ihre steigende Relevanz bei der Organisation von Beziehungen, Veranstaltungen und Informationen zunehmend zu Fußabdrücken realer Personen. Plattformen und Dienste wie *Tictrac*, *Klout*, *Trustcloud* und die Integration von „Frictionless Sharing"[35] (z.B. bei *The Guardian*, *Spotify* und *Runtastic*) deuten an, dass Nutzer-Profile in Zukunft möglicherweise nicht mehr von den Nutzern selbst gestaltet werden, sondern sich aus akkumulierten Daten automatisch generieren. Lügen, Selbstinszenierung und die nachträgliche Überbrückung von kognitiver Dissonanz durch die Korrektur von Erinnerungen werden nahezu unmöglich. Wer sportlich, belesen und sozial einflussreich erscheinen will, der muss sich nach Maßgabe der dies bezeugenden Dienste auch so verhalten. Die „Klout Matrix"[36] suggeriert die Quantifizierbarkeit von sozialem Einfluss und generiert Influencer-Stereotypen auf Basis von Performance Scores. Das Influencer-Klassifizierungssystem differenziert in High und Low Performer. Subjekte werden in einer neuen digitalen Leistungsordnung verortet: „Observer" und „Dabbler" im Quadranten links unten bilden eine neue Kategorie von Verlierern und Störern der digitalen Medienkultur: Die, die nur zuschauen, aber selbst ungesehen bleiben wollen – Mitläufer, Schmarotzer und Medieninkompetente. *Einflussreiches Kommunizieren ist quantifiziert messbares Kommunizieren.* Die Ermittlung der Klout-Identitäten beruht auf Erhebungs-, Evaluierungs- und Zuschreibungstechniken, die ohne Zustimmung und Wissen der Nutzer digitale Datenspuren in soziale

34 Sutha Kamal / Aza Raskin: Massive Health Studie 2011. http://www.massivehealth.com (Zugriff am 11.02.2014).

35 Frictionless Sharing geht auf die Ankündigung der Facebook Timeline durch Mark Zuckerberg auf der F8 Developers Conference 2011 zurück: Das Teilen persönlicher Aktivitäten in Echtzeit (Musikhören, Nachrichtenlesen, Bücherkauf etc.) über soziale Medien.

36 Darstellung siehe http://www.jkspeaks.com/wordpress/wp-content/uploads/2011/10/klout-influence-matrix2.jpg (Zugriff am 11.02.2014).

(Ir-)Relevanz umwandeln. Die dabei erzeugten digitalen Markierungen in Form von Scores, Achievements oder Badges (wiederum Artefakte aus dem Game Design) werden zum Kapital für die Organisation von Vertrauen, Status oder Reichweite. Die Subjekte erfahren Zuschreibungen nicht mehr nur als symbolische Markierungen, sondern – im Sinne von Pierre Bourdieus Habitustheorie und Kapitalbegriff[37] – als objektiviertes Kapital, das sich in andere Kapitalsorten umwandeln lässt. Datenprofile beeinflussen das gesamte Kapitalvolumen des vermessenen Individuums, indem sie ökonomisches Kapital (Perks), soziales Kapital (Beziehungen zu anderen Influencern) und kulturelles Kapital (Achievements) generieren können. Das durch Vermessung erzeugte Kapital wird zum Zeichen sozialer Distinktion wie einst Habitus, Lifestyle, Körpersprache, Umgangsformen oder Kleidung. Als Scores oder virtuelle Abzeichen werden sie zur Währung auch außerhalb der sie produzierenden Referenzsysteme. Es entsteht ein neues Bewertungs- und Vergleichssystem mit repressivem Potenzial, in dem bereits das Fehlen des Scores – nicht erst dessen absoluter oder relativer Wert – zum Anlass für Misstrauen und Ausschluss werden kann: So erhält laut eines *WIRED*-Berichts der Brand Consultant Sam Fiorella einen VP Job bei der Toronto Marketing Agency nicht, weil sein Klout Score zu niedrig ist, während ein hoher Score mit struktureller Bevorteilung und finanziellen Vergünstigungen honoriert wird.[38] *Das aus der Vermessung geschlagene Kapital wird zum Mittel der strategischen Organisation und Bahnung von Handlungen und Beziehungen in der Zukunft.* Quantifizierende Bewertungssysteme werden zur *sozialen Technologie*, indem sie Vertrauen mess- und formalisierbar machen und so der persönlichen Erfahrung vorausgreifen oder sie ersetzen. *Trustcloud* verspricht beispielsweise eine digitale Vertrauenskultur auf der Basis von quantifizierten Bewertungen an der Schnittstelle von On- und Offline-Welt:

> In der Offlinewelt sind Vertrauen und Transparenz Kriterien für Wertschätzung. Wer Vertrauen genießt und vertrauenswürdig ist, dem wird geglaubt. Wer offen und ehrlich agiert, wird geachtet und wertgeschätzt. Diese Verhaltensmuster und Bewertungsschemata überträgt Trustcloud auf die Onlinewelt. […]

37 Pierre Bourdieu: *Die feinen Unterschiede.* Frankfurt am Main: Suhrkamp 1987. Zur systematischen Darstellung der Kapitalsorten vgl. Pierre Bourdieu: The Forms of Capital. In: John G. Richardson (Hrsg.): *Handbook of Theory and Research for the Sociology of Education.* New York: Greenword Press 1986, S. 47–58.

38 Seth Stevenson: What Your Klout Score Really Means. In: *WIRED*, 24.04.2012. http://www.wired.com/business/2012/04/ff_klout/ (Zugriff am 11.02.2014).

Die passende Gewichtung der Faktoren erledigt das Bewertungssystem des Online-Reputations-Diensts.[39]

Sozial erwünschtes Verhalten – „organisiert, verantwortungsbewusst, aufgeräumt, freundlich, mitfühlend, effizient/leistungsfähig, hilfsbereit, freigiebig/teilt gerne, rücksichtsvoll, zuverlässig und pünktlich“[40] – wird als Kapitalanlage in den Grenzen einer auf standardisierten Charaktereigenschaften und ihrer quantifizierten Bewertung beruhenden Verifizierungsdiktatur ausgebildet. Fünf positive Bewertungen pro Eigenschaft sind notwendig. *Man ist, was messbar ist.* Doch wenn das Maß zum Bestandteil der Selbstdarstellung und zum Kapital wird, stellt sich die Frage, nach welchen Kriterien und Regeln klassifiziert und bewertet wird und welche Bedürfnisse dadurch erst hervorgebracht werden.

Die „Open Graph“-Funktion[41] erzeugt personalisierte Informationsstrukturen, die vergangene Handlungen zum Maß der Selektion zukünftiger Selektionen machen. Interessen oder Geschmack vorausbahnende Vorschlagssysteme (wie *Amazon* oder *Netflix*), Beziehungen bahnende Aktivitätsindexe (wie bei *Xing* oder *Klout*) und datenbasierte Matching-Verfahren (wie der auf dem Klout-Score basierende Dating-Dienst *Tawkify*) lassen erahnen, wie sich das Leben von Subjekten entlang von Maßen organisieren lässt. *Daten führen Regie.* Sie determinieren den Zugang zu Informationen, Produkten, Personen, Orten und Services. *Das Maß wirkt als Filter möglicher Zukünfte.* Bojana Kunst schreibt deshalb Projektevaluierungen eine restriktive Funktion bei der Organisation der Projektarbeit zu – anhand der dem Maß eingeschriebenen *Bewertungskriterien* und *-regeln.*[42] Christian Sternad diskutiert, dass die Regeln des Maßnehmens und Maßgebens Urteile schon konstituieren, *bevor* ein zu beurteilender Gegenstand überhaupt existiert.[43] Sie strukturieren Anforderungen an die Produktion von Neuem *im Vorhinein.* Das Maß ist also präskriptiv, nicht deskriptiv. Statistisches Wissen und semantische Beziehungen über und

39 Matthias Meringer: Trustcloud. Online Reputation durch Transparenz und Vertrauenswürdigkeit. In: *Online PR Praxis*, 25.10.2012. http://onlineprpraxis.de/trustcloud-online-reputation-durch-transparenz-und-vertrauenswurdigkeit (Zugriff am 11.02.2014).

40 Vgl. ebd.

41 Vgl. Pressemeldung auf dem Facebook-Blog, 15.01.2013. http://newsroom.fb.com/News/562/Introducing-Graph-Search-Bet (Zugriff am 11.02.2014).

42 Vgl. Kunst: Das zeitliche Maß des Projekts.

43 Vgl. Sternad: Das Maßlose des Werkes.

von Subjekten konstituieren eine Art „formalen Habitus", der sich als „digitales Pendant" zum Habitus im Sinne von Pierre Bourdieu „durch die Sammlung von Metadaten und Beziehungen" ausbildet, die die „Bedingungsstruktur für weitere Handlungen und Beziehungen" bilden und „ausschlaggebend für […] Distinktion und Ähnlichkeit" sind.[44] Metainformationen und ihre Beziehungen beschreiben Subjekte nicht nur, sie konstituieren sie. Die in den Alltag integrierte Tracking- und Quantifizierungstechnologie könnte mit Bourdieu zur strukturierten und strukturierenden Struktur individueller Lebensstile und sozialer Interaktionen werden. Subjektprofile – und somit auch Subjekte? – werden formal beschreib- und vorausrechenbar. Nicht die Sichtbarkeit und die Transparenz der Daten sprechen den Individuen also die Autonomie über ihr öffentliches Selbst- und Fremdbild ab, sondern die durch die *quantifizierte* Erfassung und Visualisierung erzeugten Black Boxes und blinden Flecken, durch die nur noch das medial Darstell- und quantifiziert Messbare erscheinen kann und dabei in die Zukunft vorauswirkt.

Wenn Geräte und Dienste ihren Nutzern immer schon einen Schritt voraus sind, die nächste Handlungsoption schon errechnet und Maßnahmen für die erfolgreiche Umsetzung schon bewertet haben, noch bevor eine Handlung stattgefunden hat, wie können wir dann noch Neues entdecken, Geschmack und Meinungen ausbilden und aus Fehlern lernen? Wenn die Organisation sozialer Realitäten durch standardisierte Merkmale von Subjekten und formale Schablonen von Identitäten organisiert wird, wie entstehen dann jenseits von medientechnologischen Verifizierungssystemen noch verlässliche Modi sozialer Interaktion? Vorausschauende digitale Dienste und Programme machen die Organisation des Sozialen an quantifizierungsbasierte Bewertungssysteme und an Algorithmen zur Planung und Organisation möglicher Zukünfte delegierbar. Datenlandschaften bilden nicht nur den Positionierungsrahmen für Subjekte und Referenzen für Frühwarnsysteme,[45] sie organisieren konsequent die Umwelten für die zukünftigen Handlungsmöglichkeiten und erzeugen repressive soziale Realitäten, die keinen Autor und somit keine angreifbare Machtinstanz mehr aufweisen.

44 Vgl. Daniela Kuka / Klaus Gasteier: Abweichung vom Selbst. In: Holger Schulze / Markus Kleiner (Hrsg.): *Sabotage! Pop als dysfunktionale Internationale*. Bielefeld: Transcript 2013, S. 187–223, hier S. 206.

45 Bublitz: Vermessung und Modi der Sichtbarmachung, S. 31.

Mit Maß-Regeln spielen

Am Schluss stellt sich die Frage nach einem alternativen Zugang zur Reflexion und Erforschung von produktiv-repressiven Mechanismen des Maßnehmens und Maßgebens. Eine mögliche Antwort liegt in der Sichtbarmachung der Kriterien und Regeln tautologisch organisierter Systeme der Maßbildung und ihrer sozialen Effekte. Zwei Stör-Figuren halten den Diskurs über die Gültigkeit und Validität eines Maßes in Gang: Der *Grenzfall* – ein Phänomen, das sich der eindeutigen Einordnung in eine Kategorie des Maßes widersetzt – erfordert, die Regeln des Maßes explizit zu machen, zu hinterfragen und auszudifferenzieren. Er zeigt die Relativität der Grenzziehungen beim Maßgeben und Maßnehmen auf. Das *Andersartige*, das sich der Erfassung durch die vorhandenen Kategorien des Maßes entzieht, macht zudem die dem Maß impliziten Prämissen über die Struktur der vermessenen Ordnung sichtbar und fordert zur Bildung neuer Modelle und Schemata der Differenzierung heraus. Doch eine Störung tautologisch organisierter Ordnungen trägt langfristig wieder nur zu dessen Evolution und damit zur Stabilisierung bei.[46] Es bleibt also die Frage, wie alternative Ordnungen denkbar werden, wenn das Maß seine eigene Störung stets integrieren kann.

Hier lässt sich das „utopische Potenzial"[47] des Spiels, das Florian Rötzer Spielen zweiter Ordnung zuschreibt, nutzen. Im Gegenzug zur Gamifizierung von Kontroll- und Normierungstechnologien sollte eine kritische Reflexion der Kriterien und Regeln der Vermessung angestoßen werden. Dies gilt insbesondere, wenn sie die Selbst- und Fremdwahrnehmung von Subjekten und die Organisation von zwischenmenschlichen Beziehungen betreffen. Das ist im Zuge der Integration von auf Quantifizierung und sozialer Bewertung beruhenden Features in alltägliche Mediennutzungspraxen in besonderem Maße der Fall.

Spiele zweiter Ordnung – also Spiele, die bewusst als Spiele gespielt werden und vor allem in Form von Gesellschaftsspielen Einzug in die Populärkultur gefunden haben – liefern hierfür einen möglichen Experimentierrahmen. Sie können im kulturanthropologischen Sinn als Unterbrechung der profanen Ordnung der Kultur beschrieben werden: „In der Sphäre des Spiels haben die Gesetze und Gebräuche des gewöhnlichen Lebens keine Geltung."[48] Sie beruhen auf

46 Vgl. Dirk Baecker: *Störung und Organisation.* Frankfurt am Main: Suhrkamp 2011.

47 Rötzer: *Ist das Leben ein Spiel?*, S. 25–28.

48 Vgl. Johan Huizinga: *Homo Ludens. Von Ursprung der Kultur im Spiel.* Reinbek: Rowohlt 1956, S. 21.

alternativen oder modifizierten Modellen sozialer Realität, sodass Spieldesigner wie Spieler mit stereotypen Rollenerwartungen brechen, Konflikte symbolisch oder als *Probehandeln* austragen und die Bedingungen von Kooperation und Wettbewerb modifizieren können. Sie erlauben Grenzüberschreitungen, die außerhalb des Spielrahmens unpraktikabel wären oder zu Sanktionen führen würden. An der Schnittstelle von Spieldesign und Experimentalforschung werden derzeit Methoden und Techniken erprobt,[49] unsichtbare Regelwerke gesellschaftlicher Interaktion und Mechanismen kriterienbasierter Meinungs- und Urteilsbildung sichtbar zu machen. Die Entstehung möglicher Zukünfte und alternativer Realitäten durch medientechnologisch bedingten Wandel wird in Form von Gesellschaftsspielen erfahr- und erforschbar. Unbewusste repressive Effekte des Maßnehmens und Maßgebens lassen sich in spielbasierten Versuchsanordnungen wieder bewusst machen. Kategorien und Kriterien der Vermessung und Bewertung können hinterfragt und experimentell variiert werden.

Dabei werden keine Antworten zur Verbesserung von Systemen der Vermessung erspielt, sondern Fragen zu bislang empirisch noch nicht beobachtbaren *Effekten totaler Quantifizierung*. Ziel ist, über eine theoretische Auseinandersetzung hinausgehend konkrete Erfahrungswelten und explorative Versuchsanordnungen zu schaffen. Die Projekte *SQS* und *Digital Afterlife*[50] (DA) sind erste Prototypen, in denen Spieldesigner und Spieler mit Kategoriensystemen, Klassifizierungsmodellen und Zuschreibungsregeln experimentieren.

Derartige Spiele können die diagnostizierte repressive Wirkung gamifizierter persuasiver Systeme und algorithmischer Zuschreibungslogiken nicht aushebeln. Sie können aber durch die Wiedereinführung der Differenz zwischen Spielen erster und zweiter Ordnung einen kritischen Diskursraum eröffnen. Dieser ist notwendig, um an der verschwindenden Schnittstelle von Off- und Online-Realitäten noch über Kriterien und Regeln der Beschreibung und Bewertung von Subjekten und der Organisation sozialer Realitäten reflektieren zu können.

49 Weiterführende Informationen zum Forschungsansatz und zur Methode: http://preenaction.net u. http://pre-lab.net (Zugriff am 11.02.2014).

50 Preenaction-Projekt zum Umgang mit einem digitalen Nachleben nach dem Tod von Lothar Hartmann / Lorenz Vierecke / Ulrike Schäfer (UdK Berlin). http://preenaction.de/spiele/forschungsmodul-preenaction/the-digital-afterlife (Zugriff am 11.02.2014).

„Abwiegen heißt Abwägen, heißt denken."
Plädoyer für die (Re)Lektüre von Gaston Bachelard

Ein Kommentar zu *Nebulosa* 04/2013 von Lorenz Aggermann

I.

Ein Maßband im konkreten Sinne des Wortes bietet *Nebulosa* 04/2013, indem sich die Zeitschrift der Frage der Vermessung widmet und dabei gänzlich unterschiedliche Positionen zu Maß, Ordnung und Erkenntnis aneinander reiht. Dieser Maß-Band eröffnet folglich mit seinen Artikeln ein Koordinatensystem, aus welchem sich trotz der recht großen Spreizung zwischen den einzelnen Markierungen und Positionen die gegenwärtige Verfasstheit des wissenschaftlichen Geistes recht gut herauslesen lässt. Denn wann immer nach Maßen und Werten gefragt wird, steht die grundlegende Frage nach Erkenntnis im Raum. Die Beiträge, so unterschiedlich sie auf den ersten Blick erscheinen, umkreisen alle gleichermaßen die zentralen Probleme der zeitgenössischen Epistemologie: Gibt es fixierbare, objektive Daten, die als Evidenz gelten können und ein Modell respektive eine allgemein gültige Theorie fundieren? Lässt sich sowohl das, was Subjekt ist, als auch das, was abseits seiner liegt, vermessen und kartographieren? In welchem Verhältnis stehen Daten und Wahrnehmungen, Maßnahmen und Subjekte? Eröffnen Daten und Maße tatsächlich eine Ebene, in welcher Evidenz und Stringenz herrschen und die nicht nur wissenschaftliche Erkenntnis verbürgt, sondern sogar die Möglichkeit von Prognosen eröffnet? Die Vermessung der Welt und seiner Subjekte, egal ob nach geometrischen, soziologischen, ökonomischen, virtuellen, ästhetischen, ethnographischen Kriterien, ist seit je der Ausgangspunkt für die Genese von Wissen. Das Thema von *Nebulosa* 04/2013 rührt somit an einen allgemeinen methodischen Kern von Wissenschaft.

Die Einleitung in den Band[1] führt eher disparate Themen zusammen und gibt somit eine Ahnung von der Breite, die der Topos Maßnehmen/Maßgeben mit sich führt. Neben dem Système International

1 Eva Holling / Frank Schlöffel / Matthias Naumann: Homo Meter / Land und Redner_innen ein Maß geben / Keiner soll entkommen / Die aktuelle Ausgabe. In: *Nebulosa. Zeitschrift für Sichtbarkeit und Sozialität* 4 (2013), S. 7–17.

d'Unités, das seit 1875 die Maßstäbe und Werte festsetzt, nach welchen die Vermessung der Welt justiert wird, und das sich hierbei an (vermeintlichen) Naturkonstanten orientiert, kommt der *homo faber* zur Sprache, der seinerseits ein Wert und Maßstab der Welt ist, aber sich deutlich variabler oder indirekt proportional verhält. Erwähnt wird ebenso die frühzionistische Bildpropaganda und deren Lichtbildvorträge, die als visuelle Maßgabe für die kommende Besiedelung gedeutet werden, oder der Film *None Shall Escape*, der die juristische Verfolgung und Bestrafung der NS-Verbrechen thematisiert und der nicht nur die Frage nach der angemessen Darstellung der Shoah, sondern auch die nach den gegenwärtigen Maßstäben von Recht stellt. Von den Maßen wechselt die Argumentation solchermaßen schleichend zur Maßnahme über, und damit von naturwissenschaftlichen Evidenzen zu juristischen und politischen Satzungen. Offen bleibt die Frage nach den Unterschieden, nach den je spezifischen Qualitäten der Maßgabe beziehungsweise der Maßnahme.

Die sehr breit gefächerte Einleitung weist somit auf ein äußerst heterogenes Feld hin, das diese Schlagworte abstecken, obgleich mit ihnen das Versprechen nach einem Maßstab und somit nach Vereinheitlichung und Normierung einhergeht. Doch welche Norm soll im Zeitalter der permanenten Diversifikation unisono gelten? Selbst das Subjekt, lange Zeit konstanter und gültiger Standard im Denken, wird mittlerweile als hybride oder als Projekt verstanden; seit kurzem wird sogar seine generelle Maßgeblichkeit in den Diskursen bestritten. Die Artikel ringen mit dem gegenwärtig fragwürdigen Verhältnis von Maß und Subjekt und sind um eine Ausdifferenzierung desselben bemüht. Denn die ursprüngliche Vermessung und Apperzeption der Welt stellt gleichsam Sub- wie Objekt zur Disposition und macht somit wider seine Intention darauf aufmerksam, dass jeglicher Maßstab weder ubiquitär noch dauerhaft valide sein kann. Die Koordinaten und Daten, die jeweils erörtert werden, erweisen sich letztlich als variabel, ihre normativen Setzungen zerfallen in der Reflexion wie modrige Pilze. Dies zeigen die Artikel an einer Vielzahl von Beispielen. Die Selbstvermessung und Selbststilisierung bleibt, trotz einer rigiden sozialen Kontrolle und dem ungebrochenen Begehren danach, fluide, wie Hannelore Bublitz in ihrem Artikel ausführt. Die definierten Werte – Selbstbewusstsein (bei Hegel) und Geld (bei Marx) – konstituieren letztlich den zu bestimmenden Gegenstand und machen somit das Subjekt respektive die Gesellschaft rechenbar, d. h. konstruierbar, so das Fazit aus Frank Engsters Artikel.[2] Der gegenwärtig omnipräsente Arbeitsmodus ‚Projekt‘ bleibt aufgrund seines zeitlichen Koordinatensystems unabschließbar und im permanenten Wandel verfangen, da er auf die Verstetigung der Zukunft zielt und nie eingeholt werden kann. In einer derartigen Arbeitsform gibt es folglich weder eine Norm für die Leistung noch für das Ergebnis, und somit auch kein Werk – worauf Bojana Kunst aufmerksam macht.[3] Bemüht man sich indes um eine ontologische Bestimmung von Kunst, wie beispielsweise Martin Heidegger und Maurice Blanchot, dann muss die maßgebliche Qualität des Kunstwerkes in der radikalen Alterität angenommen werden. Kunst kann entsprechend vom Subjekt weder vermessen noch intentional konstruiert oder ökonomisiert werden, so das Ergebnis der Ausführungen von Christian Sternad.[4] Diese Argumentation spricht letztlich der Kunst die Möglichkeit zu, sich den Maßnahmen und Maßgaben zu entziehen – ein Irrtum, denn gerade dort wird für gewöhnlich ein Ideal vermessen und somit eine momentane Norm bestätigt und verstärkt, während der eigene, anormale und biographische Körper nur selten die Bildfläche betritt, worauf Fanti Baum mit dialektisch gewählten Beispielen hinweist.[5] Die Kunst bietet also eher Anschluss an die normierenden und nicht selten rassistischen Praktiken des Marketings, wie sie Mirus Fitzner[6] am Ende der Beiträge darlegt, die letztlich darauf hinweisen, dass gerade die Ökonomie permanent Normen und Maßgaben produziert, deren Werte und Größen stets der Bedarfslage angepasst werden und die ausschließlich auf Parametern des eigenen Systems basieren. Maßgaben und Maßnahmen, so lässt sich resümieren, bleiben somit inhärent und immanent, sie erfassen sowohl Subjekte als auch Objekte mehr schlecht als recht. Ihre grundlegende Qualität scheint in ihrer Unschärfe, in ihrer Varianz zu

2 Frank Engster: Maßgeblichkeit für: sich selbst. Das Maß bei Hegel und Marx. In: *Nebulosa* 4 (2013), S. 33–48.

3 Bojana Kunst: Das zeitliche Maß des Projekts. In: *Nebulosa* 4 (2013), S. 49–63.

4 Christian Sternad: Das Maßlose des Werkes. Martin Heidegger und Maurice Blanchot über den Ursprung des Kunstwerkes. In: *Nebulosa.* 4 (2013), S. 81–94.

5 Fanti Baum: *All this Useless Beauty* oder das Maß durchqueren. In: *Nebulosa* 4 (2013), S. 95–109.

6 Mirus Fitzner: Maßnehmen als rassistische Praxis. Warum das Konzept „Ethno-Marketing“ auf rassistischen Grundannahmen basiert. In: *Nebulosa.* 4 (2013), S. 110–124.

liegen – vermutlich wird ihnen gerade deshalb in der Wissenschaft so ein hoher prognostischer Stellenwert zugeschrieben.

Jedes Maß braucht zumindest zwei Koordinaten, um in einem System bestimmt werden zu können, um eine Position erkennbar zu machen. Und so bietet es sich auch im Falle des Maß-Bandes an, die Artikel paarweise zu lesen und einander gegenüberzustellen.

Derart werfen beispielsweise die philosophiehistorischen Ausführungen von Frank Engster zu Marx und Hegel und deren Maßen unweigerlich die Frage auf, wie wohl die von Hannelore Bublitz eingangs geschilderten Aufmerksamkeitsökonomien im virtuellen Raum in einem Jahrhundert beurteilt werden, welche Immanenz ihnen zu eigen ist. Dass Bublitz ihre Argumentation letztlich mit einem Auszug aus einem Roman erhärtet, weist zudem darauf hin, dass einer Epistemologie, die sich auf Daten und Messungen gründet, nicht nur Varianz und Abweichung, sondern auch Fiktion eingeschrieben ist – ein Schluss, der auch in Bezug auf Marx, vor dem Hintergrund der realen, gesellschaftspolitischen Adaption seiner Theorie, mehr als sinnfällig erscheint.

Der gegenwärtigen Veränderung von Arbeit und der spezifischen Zeitlichkeit des Projekts, wie sie in all ihren bedenklichen Facetten von Bojana Kunst geschildert wird, lassen sich umgekehrt Christian Sternads Ausführungen zur Maßlosigkeit des Kunstwerkes entgegenstellen. Kunst, das wird daraus ersichtlich, findet in einem Raum zwischen Stilisierung des Subjekts und Autonomie des Objekts statt, mit je unterschiedlicher Bewertung und Intention. Es bietet sich folglich an, danach zu fragen, welche Form der Selbststilisierung das Projekt ermöglicht, als auch danach, welchem Zweck das Projekt letztlich dient. Heute gibt es stets mehrere, durchaus klar zu benennende Ziele, die ein (Kunst-)Projekt erfüllen muss – zum Beispiel ebenjenes, den Autor/die Autorin als Kunstschaffende auszuweisen. Das Projekt wäre demnach geradewegs das Gegenteil von Kunst, ein zutiefst intentionaler Akt. Dass das Projekt, wie Bojana Kunst schreibt, die Autorschaft und kreative Geste delegiert, entspricht indes mit und nach Christian Sternad geradewegs der Ontologie von Kunst, so dass aus dem Projekt-Artikel eine kritische Rückfrage an diese ontologische Definition ergeht. Kunst ist nicht zuletzt dadurch charakterisiert, dass die kreative Geste immer schon vereinnahmt wurde und auf mehreren Ebenen einer ursprünglich religiösen, später dann politischen und ökonomischen Ordnung von Repräsentation folgen musste – deutlicher noch: dass ihre Werke geradewegs für diese Vereinnahmung produziert wurden.

Dem abschließenden Artikel zu Ethno-Marketing als rassistischer Praxis von Mirus Fitzner lassen sich wiederum Fanti Baums Überlegungen zur (Selbst)Vermessung der Körper gegenüberstellen. Diese heben am deutlichsten hervor, dass die kritische Diskussion jedweder Maßgabe/Maßnahme ihren Ausgang unabdingbar vom eigenen Körper nehmen muss. Vermessung kann immer nur unter den Augen und unter den erfahrenen Größen des eigenen Leibes stattfinden, schreibt die Autorin in treffend trotziger Haltung, ehe sie ihr Augenmerk auf ihren trainierten Körper, künstliche Ideale, Konfektionsgrößen und die verschiedenen Haltungen hierzu im Genre Performance richtet. Dies wirft letztlich ein anderes Schlaglicht auf die geschilderten Methoden des Ethno-Marketings. Jede Normierung, jede Idealisierung, die der Konturierung einer Verbrauchergruppe dient, ist demnach äußerst kritisch zu betrachten, da diese Norm de facto von niemandem vollends erfüllt wird. Zu diskutieren bleibt somit die Frage, welchen Stellenwert im Rahmen des Marketing der Median, die Varianz und die Streuung einnehmen, will der Vorwurf des Rassismus mehr als ein Hinweis auf (mangelnde) politische Korrektheit sein.

In der Mitte des Bandes befindet sich als Solitär die Neu-Vermessung von Walter Benjamins Kunstwerkaufsatz, mit der Intention, eine andere, wenig beachtete Stoßrichtung dieses klassischen und kanonischen Textes herauszustreichen (indem nur die von Benjamin im Satz hervorgehobenen Stellen abgedruckt werden). Doch auch dieser Artikel findet sein Gegenüber – im Leser, der hierdurch seine eigene Lesehaltung der Zeitschrift gegenüber reflektieren kann.

Für ein wenig Verwunderung sorgt indes die Tatsache, dass die ökonomischen Krisen der jüngsten Vergangenheit, die die Frage nach Maßgaben und Maßnahmen in letzter Zeit entscheidend stimuliert haben, weder in der Einleitung noch in den Artikeln erwähnt, geschweige denn zum Anlass einer Reflexion genommen werden. Gerade diese Krisen, respektive die Diskurs-Lawine, die daraus hervorging, macht auf die Fehlbarkeit von Messungen, Daten und Modellen aufmerksam und zeigt somit nicht nur die Grenze der Wirtschaftswissenschaft, sondern allgemein diejenige von Erkenntnis und Fortschritt auf. Auch die Wissenschaft, egal welcher Disziplin, wird künftig ein anderes Verhältnis zu Maßen, Daten und Theorien finden müssen. Aus dieser Krise wird, so gleichsam die Hoffnung und Vermutung, ein epistemologischer Umbruch resultieren. Der neugierige Leser hätte sich, ohne eine konkrete Antwort zu erwarten, doch auf den ein oder anderen diesbezüglichen Gedanken gefreut.

II.

Die Artikel, so lässt sich resümieren, führen vor, dass eine jede Maßnahme immer auch anmaßend ist. Diese Feststellung scheint vorderhand tautologisch, bin ich doch vor allem aufgrund der elektronischen und virtuellen Apparate, die in mein Leben Eingang gefunden haben, allerorten und jederzeit mit vielfältigen Formen der Vermessung und Normierung beschäftigt, weiß ich doch um die permanente und stetige Konstruktion und die damit einhergehende Verblendung durch Daten bestens Bescheid. Ob ‚likes' auf Facebook, Käuferbewertungen bei Ebay oder Empfehlungen bei Tripadvisor – die Konstruktion und Ansammlung von Größen lag noch nie so offen vor meinen Augen; zugleich kann ich mich diesen vielfältigen Maßgaben und den daraus resultierenden Maßnahmen weniger und weniger entziehen. Ich komme nicht umhin, mich dazu zu verhalten, auch wenn ich in vielen Fällen nicht weiß, worin der Erkenntnisgewinn dieser Zahlen liegt. Ist 4.357 viel? Ist 6,5 gut? Ist 1.932.952 real? Der Hinweis auf die omnipräsente und willkürliche Vermessenheit tut not, will man die aktuelle Gewichtung von Maßen respektive den Umgang damit ein wenig besser verstehen. Er fordert die Reflexion, welche Positionen wir gegenwärtig überhaupt einnehmen können, wie sich mit Maß, -gaben und -nahmen umgehen und arbeiten lässt, nachgerade ein. Denn de facto bestimmen primär die Instrumente und ihre Maße das Denken und nicht umgekehrt. Darauf hinzuweisen ist derzeit wohl eine dringliche Aufgabe, nicht zuletzt im Rahmen wissenschaftlicher Theoriebildung.

Die Frage nach dem Maß der Dinge suggeriert einerseits zeitlose Objektivität – gerade heute, wo sich die Messungen in einen vom Menschen nicht mehr sensumotorisch wahrnehmbaren Bereich verschoben haben und qua Messung ein Rahmen markiert wird, der einzig virtuell erfassbar ist und vom Subjektiven scheinbar nicht mehr beeinflusst wird. Maßgaben/Maßnahmen sind ungebrochen attraktiv und bilden gegenwärtig nicht nur die zentrale Grundlage unseres Wissens, sondern regulieren zunehmend auch unsere Ökonomien, unser alltägliches soziales Verhalten. Obgleich die Daten, die durch

Maßnahmen und Maßgaben produziert werden, Objektivität behaupten, bergen sie einen Widerspruch. Sie sind systemimmanent, werden allerdings individuell interpretiert und bewertet. Das Wissen, welches durch gemessene, d.h. abstrahierte und deduzierte Daten fundiert und verbürgt werden soll, bleibt somit ambivalent, nicht selten paradox. In ihm bricht das Objektive auf, speist sich das Subjektive ein. Das Maß der Dinge ist folglich nur zur Hälfte ihr eigenes Maß. Diese Dysfunktionalität weist auf ein noch grundlegenderes Problem der Epistemologie hin, welches die Theorie in all ihren Facetten bis heute begleitet. Tatsache ist, dass es für die Gegenstände, auf die sich jegliches Wissen gründet, nur eine unzureichende qualitative oder ontologische Definition gibt. Das Wesen des Dings (an sich) bleibt dem Menschen (für sich) entzogen, was wiederum das Bedürfnis nach seiner Erforschung und Definition, nach seiner Vermessung stimuliert. Hierbei wird das Ding in ein fingiertes, subjektives Koordinatensystem eingespannt, wodurch es letztlich objektiviert, d.h. mit bestimmten Qualitäten besetzt und interpretiert werden kann. Die Paradoxie, dass das Objektive den Umweg über das Subjektive, dass das Reale den Umweg über die Fiktion nehmen muss, ist jedem Erkenntnisakt eingeschrieben und sie tritt umso deutlicher hervor, umso stärker sich dieser auf eine instrumentelle Vermessung gründet und seine Objektivität behauptet. Daher zeitigt insbesondere der diskursivierte und diskutierte wissenschaftliche Geist Spuren des Subjektiven, Biographischen – oder kurz gesagt, der Zeitläufe –, je stärker er auf fixierte und abstrahierte Markierungen, auf objektive Daten zurückgreift, um seine Allgemeingültigkeit und Zeitlosigkeit zu behaupten. Maße bezeichnen folglich nicht nur die Qualitäten eines Objekts, sondern sind ebenso dem Subjekt zuzuschlagen.
Der Hinweis auf die Paradoxie von Maßgaben und Maßnahmen ist gerade für ein wissenschaftliches Denken unabdingbar, sollen falsche Schlüsse, falsche Erkenntnisse verhindert werden. „Die unmittelbare Objekterkenntnis“, so Gaston Bachelard,

> ist aus der bloßen Tatsache heraus, dass sie qualitativ ist, notwendig falsch. Sie enthält einen Irrtum, den es zu korrigieren gilt. Sie belädt ein Objekt in fataler Weise mit subjektiven Eindrücken, daher muß man die objektive Erkenntnis davon entlasten und zum Gegenstand einer Psychoanalyse machen.[7]

7 Gaston Bachelard: *Die Bildung des wissenschaftlichen Geistes. Beitrag zu einer Psychoanalyse der objektiven Erkenntnis* [1938], aus d. Franz. v. Michael Bischoff. Frankfurt am Main: Suhrkamp 1978, S. 306.

Der Fehler, so lässt sich mit Bachelard weiter folgern, liegt gerade in jenem Verständnis von Objektivität, das durch die Definition und Vermessung der Bezugsobjekte konstituiert wird und auf dem wissenschaftliches Denken primär beruht. Denn das Objekt bezeichnet vor allem uns, mit einem unausweichlichen, trügerischen Ergebnis: „Was wir für unsere grundlegenden Gedanken über die Welt halten, sind oft vertrauliche Mitteilungen über die Jugendlichkeit unseres Geistes.“[8]

Es bietet sich an, die Vorgaben der Artikel aus *Nebulosa* 04/2013 zu nutzen, um die epistemologischen Überlegungen Gaston Bachelards, die nicht zuletzt das Denken von Michel Foucault maßgeblich beeinflusst haben, in Erinnerung zu rufen und ein kleines Plädoyer für ihre Relektüre zu halten. Denn um Wissenschaft treiben zu können, müssen die Wurzeln des Denkens, so das Credo, das Bachelard vor allem in seinen erkenntnis-kritischen Studien *Die Bildung des wissenschaftlichen Geistes* und *Philosophie des Nein* vorbringt, klar erkannt und überwunden werden. Erst wenn die Prämissen der Theorien analysiert sind, lässt sich ein tatsächlicher epistemologischer Fortschritt erzielen. Der wissenschaftliche Geist bildet sich Bachelards Auffassung nach nicht an der Natur oder am Objekt aus, sondern gegen diese respektive gegen jene Systematik und Ordnung, die wir dem Natürlichen, dem Objektiven unterlegen. Diese Unterstellungen werden vor allem in den Maßen und Werten deutlich, die wir den Objekten unserer Lebenswelt zusprechen, für die wir aber kein Korrelat auf Seiten der subjektiven Empfindung besitzen. Zwischen der wissenschaftlichen und der sinnlichen Erkenntnis besteht ein Bruch, wie Bachelard unter anderem am Beispiel des Thermometers ausführt: „Man sieht die Temperatur auf einem Thermometer, aber man empfindet sie nicht. Ohne eine Theorie wüsste man nie, ob das, was man sieht und das, was man empfindet, demselben Phänomen entspricht.“[9] Es kann in der Wissenschaft also nicht darum gehen, die Natur an sich zu erklären oder zu fundieren – bestenfalls lässt sich das subjektive Erkennen lebensweltlicher Phänomene und Objekte gleichsam fehlerhaft wie fiktiv beschreiben und der eigenen Empfindung gegenüberstellen. Gerade dieser Bruch und seine Reflexion kennzeichnet wissenschaftliche Arbeit. Diese muss sich zudem ihres „epistemologischen

8 Bachelard: *Die Bildung des wissenschaftlichen Geistes*, S. 134.

9 Gaston Bachelard: *Die Philosophie des Nein* [1940], aus d. Franz. v. Gerhard Schmitz und Manfred Tietz. Wiesbaden: B. Heymann 1978, S. 24.

Profils“ immer bewusst bleiben, worunter Bachelard all jene Prämissen subsummiert, die als Begriffe, Werte, Maße und Modelle in unsere Erkenntnis bereits eingeflossen sind, und welche die Basis für unser Erkennen darstellen. Noch größeren Stellenwert für jegliches Denken besitzt allerdings das „Erkenntnishindernis“, welches jegliche Theorie zwangsläufig produziert und infolge überwinden muss, um voranzuschreiten.[10] Letztlich sind es die einer jeden Theorie inhärenten Fehlstellen und Fehlschlüsse, die der Ausbildung des wissenschaftlichen Geistes zuarbeiten. Echte Erkenntnis kann nur durch die Anerkennung unserer intellektuellen Fehlleistungen entstehen: „Bekennen wir also unsere Torheiten, damit unser Bruder die seinen erkenne, und fordern wir von ihm das gleiche Bekenntnis, den gleichen Dienst.“[11]

Diese Überlegungen Bachelards besitzen nach wie vor ihre Gültigkeit und eröffnen einen durchaus kritischen Blick auf den heutigen Umgang mit Maßgaben und Maßnahmen, obgleich sie mittlerweile ein durchschnittliches Menschenalter zurückliegen und somit weder den virtuellen Raum noch das gegenwärtige Ausmaß der Globalisierung reflektieren. Und sie bieten sich nicht nur zur Diagnose an, sondern skizzieren auch den möglichen weiteren Weg der Erkenntnistheorie in einer Epoche der Inflation von Maßen, Daten und Werten.

Konsequenterweise muss allerdings auch das epistemologische Profil von Bachelards Denken deutlich gemacht werden, soll sein Denken Stimulans für die Gegenwart sein. In diesem spiegelt sich deutlich die psychoanalytische Theorie wider, Bachelard ist einer der ersten, der ihre Implikationen für die Epistemologie erkennt, auch wenn er sich, wie beispielsweise in seiner *Psychoanalyse des Feuers*, eher an Carl Gustav Jung als an Sigmund Freud orientiert. Die Dezentrierung und Dekonstruktion des Subjekts, die zu Beginn des 20. Jahrhunderts munter vorgenommen wird, zeitigt auch für das wissenschaftliche Denken nachhaltige Folgen. Doch es ist nicht nur dieses neue Subjektverständnis, welches Bachelards epistemologisches Profil determiniert und seine Überlegungen zu Wahrnehmung, Erfahrung und Wissen, zu Maßen und Werten, zu Evidenz und Theorie prägt. Zur selben Zeit findet sowohl durch Edmund Husserls Phänomenologie

10 Für die vielfältigen Ausführungen zum Terminus „Erkenntnishindernis“ vgl. v. a. *Die Bildung des wissenschaftlichen Geistes*; für den Begriff „epistemologisches Profil“, eine Weiterentwicklung von ersterem, v. a. *Die Philosophie des Nein*.

11 Bachelard: *Die Bildung des wissenschaftlichen Geistes*, S. 349.

als auch durch die Theorie Albert Einsteins eine Destabilisierung der lebensweltlichen Objekte und Forschungsgegenstände statt. Das Ur-Kilogramm und andere metrische Maßeinheiten, ja selbst lange Zeit als Fixum gedachte Größen, werden auf einmal als relativ respektive als schwindend erkannt. Nicht nur das Subjekt des Wissens, auf das sich Bachelard bezieht, sondern auch die für jede Theorie notwendigen Evidenzen und Werte verlieren ihre Gewissheit, werden trügerisch. Ein an sich verheerender Befund für eine Wissenschaft, die sich vor allem als empirisch und fortschrittsorientiert, d.h. als erkenntnis-gewinnend betrachtete. Doch Bachelards Denken zieht aus diesen Krisen und Umbrüchen seine maßgebliche Inspiration. Er skizziert, die neuen Prämissen respektierend, einen methodischen Ansatz, der auch heute noch gerade für die Frage von Maßgeben und Maßnehmen und somit für die Epistemologie von zentraler Relevanz ist, der indes erst in der jüngeren Vergangenheit allgemeine Verbreitung gefunden hat – die Phänomenotechnik.

Da das eigentliche Phänomen nur als diskursiviertes hervortritt, fällt seine Evidenz folglich teils dem Objekt, teils dem beobachtenden Subjekt und teils den Diskursen zu. Das Erkennen und Begreifen speist sich somit aus den Materialitäten (es wird aus dem Material empfangen), ehe es im Sichverstehen und Sichmitteilen selbst inhaltlich wird.[12] Neben dem Objekt und dem Subjekt gibt es folglich noch einen dritten Parameter im Erkenntnisprozess, den Diskurs, der indes nicht unbedingt als Schrift, sondern noch grundlegender in der Form von Instrumenten und Apparaturen – kurz Techniken – hervortritt, weshalb Bachelard diese Art der Produktion von Evidenzen als Phänomenotechnik definiert. Sein Wortgebrauch unterscheidet sich markant von dem heute verbreiteten. Nicht der Gebrauch von Technik an sich oder Technik als Phänomen ist damit gemeint, sondern Erkenntnisgewinn als intermedialer und diskursiver, zwischen Subjekt und Objekt oszillierender Akt, über welchen Inhalte realisiert werden. Technische Verfahren nehmen hierbei einen zentralen Stellenwert ein, denn erst sie ermöglichen, über die bloß organische Wahrnehmung hinauszugehen.[13] Die verwendeten Instrumente sind somit nicht als eine Verlängerung oder Verbesserung der einzelnen

12 Vgl. Bachelard: *Die Philosophie des Nein*, S. 172.

13 Vgl. Bachelard: *Die Bildung des wissenschaftlichen Geistes*, S. 25.

Sinnesorgane zu verstehen, sondern fallen dem Denkprozess zu.[14] Das Mikroskop, das in Bachelards Schriften immer wieder als Beispiel herangezogen wird, sorgt also nicht für ein besseres und genaueres Sehen, sondern ermöglicht letztlich ein ganz anderes Sehen. Die Daten und Messungen, die aus den Instrumenten hervorgehen, belegen einzig und allein diese andere, neuartige, technisch-geistige Wahrnehmungsmodalität.

Diese Überlegung verändert den Stellen- und Erkenntniswert jener Daten, die vermittels Instrumenten gewonnen werden und bislang als Evidenzen galten. Durch wissenschaftlich-technischen Verfahren wird eine bestimmte Erfahrung mitsamt ihrer spezifischen Wirkung überhaupt erst erzeugt. „Neue Phänomene werden hervorgebracht. Man kann ohne Bedenken von einer Schöpfung der Erscheinungen durch den Menschen sprechen.“[15] Wissenschaftliche Phänomene, ihre qualitativen Maße und Werte werden durch unterschiedliche Instrumente und Strategien realisiert und sind demnach nicht als objektive Evidenzen zu werten. Diese dynamische Konzeption von Erkenntnis wird durch eine entsprechende Konzeption des Wissen suchenden Subjekts vervollständigt. Die Phänomenotechnik gesteht auch dem untersuchten Objekt einen entscheidenden Einfluss im epistemologischen Prozess zu. Entsprechend gilt es das Wechselspiel von Subjekt, Objekt und Technik(-Diskurs) im Rahmen wissenschaftlicher Arbeit fruchtbar zu machen:

> Die größte Lust liegt darin, zwischen Extroversion und Introversion zu pendeln in einem Geist, der [...] von der Knechtschaft des Subjekts und des Objekts befreit ist. Eine Entdeckung auf der objektiven Seite bedeutet unweigerlich die Korrektur auf der subjektiven Seite. Wenn das Objekt mich lehrt, verändert es mich.[16]

Das grundlegende Faktum der unzureichenden qualitativen oder ontologischen Definition der Dinge wird von Bachelard somit nicht übergangen, noch gesteht er der Wissenschaft zu, dieses Manko ausräumen zu können. Es wird hingegen zur entscheidenden Inspiration, zum Movens eines Erkenntnisprozesses, der sich nie auf statische Ergebnisse und Bestimmungen reduzieren lässt und der deshalb auch nie zu einem Abschluss kommt. In den Fokus der Epistemologie rückt infolge nicht so sehr die Frage, wie zu tatsächlich

14 Vgl. ebd., S. 348.
15 Ebd., S. 358.
16 Ebd., S. 357.

objektiver Erkenntnis zu kommen ist, sondern wie mit dem Wissen um die Konstruktion von Evidenzen und Erkenntnissen umzugehen ist. Nicht: was können wir wissen, sondern: wie können wir wissen? lautet die Frage, der wir als Wissenschaftler nachgehen müssen. Das ist meines Erachtens der Punkt, an welchem Bachelard heute wieder aktuell wird.

Demnach eröffnet nicht nur die Kunst einen Raum, der zwischen subjektiver Intention und autonomen Objekten angesiedelt ist, sondern ebenso die Wissenschaft. Was sich im ersten Moment wie eine Hypostasierung von kreativer und ingeniöser Arbeit liest – analog zu Paul Feyerabends Diktum von Wissenschaft als Kunst, das derzeit erneut Konjunktur erlebt –, entspricht durchaus der Logik von Bachelards Epistemologie. Denn diese stellt weniger die tatsächliche und faktische Konstruktion zur Debatte, sondern fokussiert im Wesentlichen auf jene Fehler/Hindernisse und auf jene imaginären Profile, die im Rahmen der wissenschaftlichen Arbeit unweigerlich auftauchen. Seine späteren Schriften, wie die allseits bekannte *Poetik des Raumes*, thematisieren die imaginativen Aspekte wissenschaftlicher Theoriebildung noch deutlicher, doch bereits in der *Philosophie des Nein* streicht Bachelard ihren Stellenwert mehrfach hervor. Die Wissenschaft muss das, was die Wahrnehmung in einem sinnfälligen Raum aufnimmt, in den Raum der Imagination übertragen. Sie darf den Unterschied zwischen der alltäglichen Wahrnehmung und dem abstrahierten Modell der Wissenschaft nicht verschleiern, sondern muss ihn konturieren. „Wir denken nicht in einem Realraum, sondern ausschließlich im Raum der Vorstellung."[17]

Dieser Ansatz, der genaugenommen bereits eine Weiterentwicklung der Phänomenotechnik darstellt, weist nicht zuletzt dem Denken Michel Foucaults den Weg, der am Ende seiner wissenschaftshistorischen (Diskurs-)Analysen zum Modell des Dispositivs übergeht. Auch in diesem nehmen Fehler und Fiktion einen maßgeblichen Stellenwert ein, werden Fehler und Fiktion zu den entscheidenden Parametern, von welchen aus ein Dispositiv analysiert, von welchen aus die Episteme konturiert werden kann.

Für den Wissenschaftler gilt es, aus dieser an sich frustrierenden Erkenntnis Inspiration und Produktivität zu ziehen, will er nicht als ein Wiedergänger von Josef K enden, jenem Landvermesser aus dem

17 Bachelard: *Die Philosophie des Nein*, S. 90.

Romanfragment *Das Schloss* von Franz Kafka, dessen epistemologisches Profil im Übrigen zahlreiche Überschneidungen mit jenem von Gaston Bachelard aufweist. Josef Ks Auftrag zur Vermessung scheitert bekanntlich in einem Wirtshaus, noch vor den Toren des Schlosses. Obgleich er seine Instrumente stets einsatzbereit hält, kommt er dem Schloss, dem ursprünglichen Objekt seines epistemologischen Auftrags und Begehrens, weder näher, noch kann er sich diesem entziehen. Von der Herrschaft weder empfangen noch legitimiert, darf er nach einigem hin und her einzig als Schuldiener arbeiten. Er wird zum Gefangenen einer Welt, die er mit seinen Möglichkeiten nicht vermessen, nicht verstehen kann, und verliert darüber nicht nur seinen Status als Autorität, sondern zunehmend auch sein Selbstwertgefühl.

Das sollte den gegenwärtigen Vermessern und Wissenschaftlern nicht passieren, auch wenn sie im Wust der Maßgaben und Maßnahmen ihre Objekte aus den Augen zu verlieren drohen, auch wenn ihre Prognosen fehlgehen und ihre Experimente scheitern. Im Gegenteil: gerade dann erfüllen sie die Voraussetzungen für Erkenntnis. Bachelards Überlegungen zu den grundlegenden Fragen der Epistemologie bringen sowohl die Grenzen als auch die Möglichkeiten einer jeden wissenschaftlichen Anstrengung zu Bewusstsein und fordern unweigerlich zur Reflexion der eigenen epistemologischen Praxis auf. Ihre (Re)Lektüre ist daher unbedingt zu empfehlen.

Unhöfliche Gespenster – Adorno und der Okkultismus

Eine Antwort auf Peter J. Bräunleins Kommentar in *Nebulosa 04/2013*
von Felix Riedel

Der Ethnologe Bernhard Streck schrieb über Max Horkheimer und Theodor W. Adorno, sie hätten nach ihrer Rückkehr aus dem amerikanischen Exil als „Seelenheiler" gewirkt, ja sogar in einer regelrechten „Anthropologie der Verletzten und Bedrohten" den Faschisten als „Feindbild" „konstruiert".[1] Stanisław Lem nennt Theodor W. Adorno in einer Korrespondenz mit Hans Peter Duerr einen „Trottel" – und Duerr widerspricht nicht.[2] David Signer sieht die Kritische Theorie „hinken", und zwar der „Philosophie fünfzig Jahre hinterher".[3] Richard Rottenburg referiert in leisem Zweifel Berichte aus zweiter Hand: Kritische Theorie „habe den falschen Eindruck eines totalen Verblendungszusammenhangs geschaffen, den allein die Kritische Theorie durchschauen könne."[4]

Peter J. Bräunlein fügt den Gerüchten in *Nebulosa 04* Folgendes hinzu:

> Geister wurden von intellektuellen Meinungsführern durchweg geächtet. Die einschlägigen Glaubensbekenntnisse lassen sich hinsichtlich des autoritativen Duktus und inhaltlicher Zielrichtung in Adornos *Thesen gegen den Okkultismus* finden, die er 1946, noch im amerikanischen Exil, verfasste und 1951 in den *Minima Moralia* veröffentlichte. „Die Neigung zum Okkultismus ist ein Symptom der Rückbildung des Bewusstseins", so lautet der erste, „Kein Geist ist da", der letzte Satz. Okkultismus sei „die Metaphysik der dummen Kerle."
> Der „faule Zauber ist nicht anders als die faule Existenz, die er bestrahlt." Wenig differenziert erkennt Adorno in jener ‚Metaphysik der dummen Kerle' „falsche Offenbarung" und „halluziniertes Phänomen", von der Astrologie bis zum

1 Bernhard Streck: Entfremdete Gestalt. Die Konstruktion von Kultur in den zwei Frankfurter Schulen. In: Thomas Hauschild (Hrsg.): *Lebenslust und Fremdenfurcht. Ethnologie im Dritten Reich.* Frankfurt am Main: Suhrkamp 1995, S.103–120, hier S.117.

2 Stanisław Lem / Paul Feyerabend: Noch einmal: Können Hexen fliegen? In: Rolf Gehlen / Peter Wolf (Hrsg.): *Der gläserne Zaun. Aufsätze zu Hans Peter Duerrs „Traumzeit".* Frankfurt am Main: Syndikat 1983, S. 232–242, hier S. 241.

3 David Signer: *Konstruktionen des Unbewussten. Die Agni in Westafrika aus ethnopsychoanalytischer und poststrukturalistischer Sicht.* Wien: Passagen 1994, S. 16.

4 Richard Rottenburg: Ethnologie und Kritik. In: Thomas Bierschenk / Matthias Krings / Carola Lentz (Hrsg.): *Ethnologie im 21. Jahrhundert.* Berlin: Reimer 2013, S.55–76, hier S. 70.

> Geisterglauben. [...] Astrologie und Okkultismus fördern demzufolge generell Verblendungszusammenhänge, Unheilstendenzen, die Rückbildung des Bewusstseins, vor allem Konformismus, Untertanengeist. Geister sind faschismusaffin, die wissenschaftliche Beschäftigung mit ihnen, jenseits der Vorgaben der Kritischen Theorie, ist verdächtig, keinesfalls karriereförderlich. Dieser Umstand hat selbstredend mit der Katastrophe des Nationalsozialismus und dem Verdikt des linksintellektuellen Meinungsführers Adorno zu tun, aber auch mit der Karriere der sozialwissenschaftlichen Disziplinen selbst.[5]

„Programmatisch" hätten Adorno und Max Horkheimer gar gefordert: „Die Entzauberung der Welt ist die Ausrottung des Animismus."[6] Bräunlein führt gegen solchen mutmaßlichen Triumph die Ölkrise, die iranische Revolution und 9/11 ins Feld.[7] Die okkultistischen Trendsetter des 20. Jahrhunderts Rudolf Steiner, Helena Blavatsky und Joseph Beuys verkörpern für ihn das „Ineinandergreifen von magisch-religiösen mit aufgeklärt-zweckrationalen Weltsichten"[8]. So sei geklärt, „warum sich karrierebewusste Akademiker mit Gespenstern befassen (dürfen)"[9]. Er schließt mit Bruno Latour, dass „wir nie modern gewesen sind"[10].

Die bloße Metaphorisierung von Geistern zur Beschreibung sozialer Phänomene und die Ignoranz gegen den sinnlichen Ernst von realen Geistervorstellungen in der neueren Soziologie sieht er einem „drohenden Verdikt" Adornos von der „Metaphysik des dummen Kerls" geschuldet.[11] Wenn sich von so unterschiedlichen Kräften in der Ethnologie derartige Kritik und Ressentiments einfinden, belegt das einen Rückstau an theoretischer Arbeit, dessen Dimension hier nur an neuralgischen Punkten veranschaulicht werden kann.

5 Peter Bräunlein: Gelehrte Geisterseher. Anleitungen für den gepflegten Umgang mit Gespenstern. In: *Nebulosa – Zeitschrift für Sichtbarkeit und Sozialität* 4 (2013), S. 127–139, hier S. 127–128.

6 Ebd., S. 129. Das Original in Theodor W. Adorno / Max Horkheimer: *Dialektik der Aufklärung. Philosophische Fragmente.* Frankfurt am Main: Suhrkamp 1969, S. 11.

7 Bräunlein: Gelehrte Geisterseher, S. 130.

8 Ebd., S. 132–133.

9 Ebd., S. 133.

10 Ebd., S. 139.

11 „[...] und so legt sich die Vermutung nahe, dass womöglich Adornos Verdikt von der ‚Metaphysik der dummen Kerle' immer noch drohend über gelehrten Häuptern schwebt." (Bräunlein: Gelehrte Geisterseher, S. 137.)

Modernismus

Der Vorwurf des triumphalen Modernismus, den Bräunlein erhebt, entsteht aus einer gravierenden Fehlwahrnehmung. Detlev Claussens Zeitdiagnose klärt das historische Verhältnis Kritischer Theorie zur Religion:

> Der Unterschied zum bürgerlichen Durchschnittsbewusstsein liegt auf der Hand: Diese Intellektuellen nahmen das Absterben der Religion als permanente Krisenerscheinung ernst, an eine Ersetzung der Religion durch eine vernunftgemäße Einrichtung der Welt konnten sie nicht mehr glauben. Der Rationalismus der Aufklärung hatte ebenso wie der Spiritualismus des deutschen Idealismus seinen Kredit verloren.[12]

Adorno/Horkheimers *Dialektik der Aufklärung* trägt ihren Namen nicht ohne Grund. Die Reichweite dieses Werkes ergibt sich aus der Elastizität, in der die Autoren historische Verlaufsformen und qualitative Bestimmungen der Aufklärung miteinander kommunizieren lassen:

> Die vorsokratischen Kosmologien halten den Augenblick des Übergangs fest. Die Feuchte, das Ungeschiedene, die Luft, das Feuer, die dort als Urstoff der Natur angesprochen werden, sind gerade erst rationalisierte Niederschläge der mythischen Anschauung. […] Durch Platons Ideen werden schließlich auch die patriarchalen Götter des Olymp vom philosophischen Logos erfasst. Die Aufklärung aber erkannte im platonischen und aristotelischen Erbteil der Metaphysik die alten Mächte wieder und verfolgte den Wahrheitsanspruch der Universalien als Superstition. In der Autorität der allgemeinen Begriffe meint sie noch die Furcht vor den Dämonen zu erblicken, durch deren Abbilder die Menschen im magischen Ritual die Natur zu beeinflussen suchten. Von nun an soll die Materie endlich ohne Illusion waltender oder innewohnender Kräfte, verborgener Eigenschaften beherrscht werden. Was dem Maß von Berechenbarkeit und Nützlichkeit sich nicht fügen will, gilt der Aufklärung für verdächtig. […] Ihren eigenen Ideen vom Menschenrecht ergeht es dabei nicht anders als den älteren Universalien.[13]

Die Magietheorie in diesem Werk – in weiten Teilen eine Diskussion der Mana- und Magietheorien von Sigmund Freud, Henri Hubert/Marcel Mauss und Émile Durkheim – ist Ethnologen bislang verborgen geblieben. „Blutige Unwahrheit" nennen die Autoren die Magie, aber sie sympathisieren mit dem mimetischen Prinzip in ihr, das Differenz anerkennt: „Die Zauberei ist wie die Wissenschaft auf Zwecke

12 Detlev Claussen: *Theodor W. Adorno. Ein letztes Genie.* Frankfurt am Main: Fischer 2005, S. 118.

13 Adorno / Horkheimer: *Dialektik der Aufklärung*, S. 12.

aus, aber sie verfolgt sie durch Mimesis, nicht in fortschreitender Distanz zum Objekt."[14]

> Die Mythologie selbst hat den endlosen Prozeß der Aufklärung ins Spiel gesetzt, in dem mit unausweichlicher Notwendigkeit immer wieder jede bestimmte theoretische Ansicht der vernichtenden Kritik verfällt, nur ein Glaube zu sein, bis selbst noch die Begriffe des Geistes, der Wahrheit, ja der Aufklärung zum animistischen Zauber geworden sind.[15]

Adornos Hauptwerk, die *Negative Dialektik*, spürt den dialektischen Verschlingungen von Metaphysik und Aufklärung, Ontologie und Dialektik, Animismus und Begriffsbildung weiter nach und schließt mit den gerade für die Ethnologie bedenkenswerten Worten:

> Die kleinsten innerweltlichen Züge hätten Relevanz fürs Absolute, denn der mikrologische Blick zertrümmert die Schalen des nach dem Maß des subsumierenden Oberbegriffes hilflos Vereinzelten und sprengt seine Identität, den Trug, es wäre bloß Exemplar. Solches Denken ist solidarisch mit Metaphysik im Augenblick ihres Sturzes.[16]

Kritische Theorie ist dem Animismus und der Metaphysik tiefer verbunden als eine Ethnologie, die sich fern von ihnen wähnt und dann mühsame Übersetzungsschritte anstrengt.

Aufklärung reicht für Adorno/Horkheimer bis in die früheste Begriffsbildung, bis in den Mythos zurück. In den „Elementen des Antisemitismus"[17] differenzieren sie aus zwischen rationalen Verhaltensmustern wie Mimesis und Projektion und fortschreitender Naturbeherrschung und Abstraktion. Trotz einiger Sympathien mit dem christlichen Erlösungsgedanken gilt die schärfste Religionskritik Adorno/Horkheimers dem Christentum. Das zur Magie zurückkehrende „Christentum, der Supranaturalismus" schließlich „glaubt nur, indem er seinen Glauben vergißt."[18] Daraus entstand das Bedürfnis, den eigenen Zweifel auf die Vaterreligion, den monotheistischen Judaismus, zu projizieren und an diesem zu verfolgen.[19] „Den Juden, mit dieser ihrer Schuld beladen, als Herrscher verhöhnt, schlagen sie ans Kreuz, endlos das Opfer wiederholend, an dessen Kraft sie nicht

14 Adorno / Horkheimer: *Dialektik der Aufklärung*, S. 15–17.

15 Ebd., S. 17.

16 Theodor W. Adorno: *Negative Dialektik*. Frankfurt am Main: Suhrkamp 1975, S. 400.

17 In: Adorno / Horkheimer: *Dialektik der Aufklärung*, S. 177–217.

18 Ebd., S. 187–188.

19 Vgl. ebd., S. 188.

glauben können.“[20] Auch dieser Prozess wird mit dem Aufklärungsprozess verändert.

> Der durchschnittliche Gläubige ist heute schon so schlau wie früher bloß ein Kardinal. Den Juden vorzuwerfen, sie seien verstockte Ungläubige, bringt keine Masse mehr in Bewegung. Schwerlich aber ist die religiöse Feindschaft, die für zweitausend Jahre zur Judenverfolgung antrieb, ganz erloschen. Eher bezeugt der Eifer, mit dem der Antisemitismus seine religiöse Tradition verleugnet, dass sie ihm insgeheim nicht weniger tief innewohnt als dem Glaubenseifer früher einmal die profane Idiosynkrasie. Religion ward als Kulturgut eingegliedert, nicht aufgehoben.
>
> Das Bündnis von Aufklärung und Herrschaft hat dem Moment ihrer Wahrheit den Zugang zum Bewusstsein abgeschnitten und ihre verdinglichten Formen konserviert. Beides kommt zuletzt dem Faschismus zugute: die unbeherrschte Sehnsucht wird als völkische Rebellion kanalisiert, die Nachfahren der evangelistischen Schwarmgeister werden nach dem Modell der Wagnerschen Gralsritter in Verschworene der Blutsgemeinschaft und Elitegarden verkehrt, die Religion als Institution teils unmittelbar mit dem System verfilzt, teils ins Gepränge von Massenkultur und Aufmärschen transponiert.
>
> Der fanatische Glaube, dessen Führer und Gefolgschaft sich rühmen, ist kein anderer als der verbissene, der früher die Verzweifelten bei der Stange hielt, nur sein Inhalt ist abhanden gekommen. Von diesem lebt einzig noch der Haß gegen die, welche den Glauben nicht teilen. Bei den deutschen Christen blieb von der Religion der Liebe nichts übrig als der Antisemitismus.[21]

Dass Naturbeherrschung, Magie und Aufklärung intensiv und gerade in der Moderne kommunizieren und dass diese Kommunikation äußerste Konsequenzen hat, gilt Kritischer Theorie als ebenso gesichert wie ihren skeptischen Zeitgenossen James Frazer, Marcel Mauss, Sigmund Freud und Lucien Lévy-Bruhl.

Wenn Adorno den Okkultismus als die „Metaphysik des dummen Kerls“ bezeichnet, so ist das eine Analogie für ein philosophisch gebildetes Publikum, die einer oberflächlichen Lektüre sich sperrt. Der Terminus „Aberglaube aus zweiter Hand“[22] macht deutlich, dass es hier nicht um die vergleichsweise gebändigten magischen Vorstellungen der Trobriander[23] geht. Solche Magie verstand er in einer vielleicht übertriebenen Rationalisierung als mimetische Reaktion auf

20 Ebd., S. 175.

21 Ebd., S. 185.

22 Theodor W. Adorno: Aberglaube aus zweiter Hand. In: Ders.: *Soziologische Schriften 1*. Frankfurt am Main: Suhrkamp 1979, S. 147–176.

23 Die er übrigens in Kenntnis der ethnographischen Faszination für „übertestet“ hielt. Theodor W. Adorno: Zur Logik der Sozialwissenschaften. In: Ders.: *Soziologische Schriften 1*, S. 547–568, hier S. 550.

übermächtige Natur. Adornos entscheidender Schritt ist nun, dass die übermächtige Natur in der Moderne wiederkehrt als gesellschaftliches Verhältnis. Es „triumphiert Natur gerade vermöge ihrer Bändigung stets wieder über den Bändiger, der nicht umsonst ihr, einst durch Magie, schließlich durch strenge szientifische Objektivität, sich anähnelt."[24]

Adornos Stärke ist gerade, den sekundären Okkultismus nicht nur als besonders renitenten Atavismus vergangener Vorstellungen abzutun oder ihn zum europäischen Wilden zu veredeln, sondern ihn stets als mit der Aufklärung vermitteltes Phänomen zu begreifen. So beschreibt er im Fragment „Zur Theorie der Gespenster" den säkularisierten Totenkult als „das moderne Gegenstück zum Spuk, der, unsublimiert, als Spiritismus weiterwuchert."[25]

In Bräunleins Text wirkt es hingegen so, als hätte Wissenschaft erst kürzlich einige spiritualistische Interferenzen aufgespürt und eindimensionale Modernismen in Frage gestellt: „Lange Zeit" habe man etwa Beuys' esoterisches Standbein ignoriert.[26] „Mittlerweile" würden, so Bräunlein im Gefolge von Nils Freytag und Diethart Sawicki, Genesen „neuer Phantasmagorien" aus dem „Schoße jener neuen Disziplinen der Wissenschaft und Technik" „entdeckt",[27] die im 19. Jahrhundert entstanden sind. Das 20. Jahrhundert werde als „Jahrhundert der Wunder und Visionen par excellence entdeckt".[28]

Solches modernistische Beharren auf Aktualität ist an historischem Material und Grundlagentexten Kritischer Theorie zu hinterfragen. Der Historiker, Philosoph, Naturwissenschaftler und Hobbyhypnotiseur Friedrich Engels hat bereits im 19. Jahrhundert in seinem Kapitel „Die Naturforschung in der Geisterwelt" in der *Dialektik der Natur*

24 Theodor W. Adorno: Theorie der Halbbildung. In: Ders.: *Soziologische Schriften 1*, S. 93–121, hier S. 96.

25 Adorno / Horkheimer: *Dialektik der Aufklärung*, S. 225.

26 Beuys war, was tatsächlich etwas ignoriert wurde, ein freiwilliger und dekorierter Pilot von Hitlers Luftwaffe. Nach seinem Flugzeugabsturz gelang es ihm, in einer klassischen Täter-Opfer-Umkehr sich als Kriegsopfer darzustellen und diesen Status mystisch-esoterisch aufzuladen. Siehe dazu Nicole Fritz: *Bewohnte Mythen – Joseph Beuys und der Aberglaube.* Dissertation Universität Tübingen: 2002, S. 34; S. 40–48.

27 Bräunlein: Gelehrte Geisterseher, S. 133.

28 „Seit einigen Jahren ist eine veränderte Lesart der westlichen Moderne möglich geworden. Das 20. Jahrhundert wird gar als das Jahrhundert der Wunder und Visionen par excellence entdeckt." (Ebd., S. 132.)

ein strukturelles Ineinandergreifen von Empirismus und Okkultismus diagnostiziert:

> Es zeigt sich hier handgreiflich, welches der sicherste Weg von der Naturwissenschaft zum Mystizismus ist. Nicht die überwuchernde Theorie der Naturphilosophie, sondern die allerplatteste, alle Theorie verachtende, gegen alles Denken mißtrauische Empirie. Es ist nicht die aprioristische Notwendigkeit, die die Existenz der Geister beweist, sondern die erfahrungsmäßigen Beobachtungen der Herren Wallace, Crookes & Co.[29]

Die Ursache für solche notorischen Überlagerungen von Naturforschung und Okkultismus sieht er nicht in einem Mangel an Objektivität, sondern an philosophischer Bildung.

> Man verachtet in der Tat die Dialektik nicht ungestraft. Man mag noch so viel Geringschätzung hegen für alles theoretische Denken, so kann man doch nicht zwei Naturtatsachen in Zusammenhang bringen oder ihren bestehenden Zusammenhang einsehen ohne theoretisches Denken.[30]

Die gegen naiven Empirismus gerichtete Tradition der Aufklärung hat ihre Wurzeln im antiken griechischen Materialismus und keimt bei den Gegnern der Hexenjagden wieder auf, die Scholastik und Neoplatonismus herausfordern. Sie kommt in Hegels Polemik gegen die „Physiognomik" und „Schädellehre" zur Blüte[31] und reift im 19. Jahrhundert unter anderem in Karl Marx' und Friedrich Nietzsches Werken weiter aus. Die größten Aufklärer hatten stets ihre tiefe Skepsis über ihre begrenzten Möglichkeiten innerviert. Im 20. Jahrhundert hat auch Max Weber nicht einfach nur die ‚Entzauberung der Welt' glorifiziert, wie das zahlreiche modische Fehlzitate aus der neueren Magieforschung unterstellen. Sein Diktum wurde aus dem skeptischen Kontext isoliert, weil die Simplifizierung komfortable Aktualisierungen an billig zu habenden Gegenbelegen ermöglichte.

Adorno/Horkheimer nahmen Webers Skepsis besser auf als die jüngere Ethnologie. Sie problematisieren zuallererst in den westlichen Gesellschaften den „Umschlag von Aufklärung in Positivismus"[32], die „Metamorphosen von Kritik in Affirmation"[33]. Über das moderne Bildungssystem urteilen sie:

29 Friedrich Engels: *Dialektik der Natur*. In: Ders. / Karl Marx: *Marx-Engels-Werke*, Bd. 20. Berlin: Dietz 1962 , S. 305–570, hier S. 345.

30 Ebd., S. 346.

31 Georg W. F. Hegel: *Phänomenologie des Geistes*. Hamburg: Meiner 2006, S. 206–233.

32 Adorno / Horkheimer: *Dialektik der Aufklärung*, S. 2.

33 Ebd., S. X.

> In der Meinung, ohne strikte Beschränkung auf Tatsachenfeststellung und Wahrscheinlichkeitsrechnung bliebe der erkennende Geist allzu empfänglich für Scharlatanerie und Aberglauben, präpariert es den verdorrenden Boden für die gierige Aufnahme von Scharlatanerie und Aberglauben.[34]

Über das Verhältnis von Rationalität und Irrationalität im Okkultismus schreibt Adorno in „Aberglaube aus zweiter Hand", diesmal tatsächlich programmatisch:

> Irrationalität wirkt nicht allein jenseits von Rationalität: sie bringt mit der rücksichtslosen Entfaltung subjektiver Vernunft selbst sich hervor. Der gesellschaftlichen Forschung obliegt das Studium der dialektischen Wechselwirkung von rationalen und irrationalen Momenten. Mechanismen und Schemata, die weder als voll realitätsgerecht noch als neurotisch oder gar psychotisch zu fassen sind, wären Gegenstand einer psychoanalytisch erfahrenen Soziologie.[35]

Relativismus

Trotz aller ausdifferenzierten Relativierungen gab Kritische Theorie den Wahrheitsanspruch nicht auf. Adorno verfasste seine Thesen in der Tat „gegen" den Okkultismus. Die jüdischen und marxistischen Vertreter der Kritischen Theorie wurden vom Nationalsozialismus und dessen okkulter, christlich-mystizistischer Eschatologie mit dem Tode bedroht, Millionen Andere fielen dem nazistischen Ritualmord[36] zum Opfer. Kritische Theorie war gezwungen, die bösartigen Steigerungspotentiale und Metamorphosen religiöser Weltbilder ernst zu nehmen, die aus der Erosion „theoretischen Verständnisses"[37] und dem damit einhergehenden Verzicht auf essentielle Wahrheitsprüfungen entstehen. Es ist das Regressive im sekundären Okkultismus, das ihnen bedenklich erscheint, nicht das Magische an sich. Erst im Ausmaß seiner Regressivität wird der Okkultismus der „jämmerliche Blödsinn"[38], der insbesondere die Astrologie nun einmal auch ist – und selbst diesem „Schwachsinn"[39] rechnet Adorno dann aber noch Erkenntnisgehalt als „enfant terrible des mystischen Moments in Hegel"[40] zu. Die „Thesen gegen den Okkultismus" sind bereits

34 Adorno / Horkheimer: *Dialektik der Aufklärung*, S. 3.

35 Adorno: Aberglaube aus zweiter Hand, S. 147.

36 „Der Antisemitismus ist ein eingeschliffenes Schema, ja ein Ritual der Zivilisation, und die Pogrome sind die wahren Ritualmorde." (Ebd., S. 180.)

37 Adorno / Horkheimer: *Dialektik der Aufklärung*, S. 3.

38 Adorno: *Minima Moralia – Reflexionen aus dem beschädigten Leben*. Frankfurt am Main: Suhrkamp 2001 (1951), S. 467–468, hier S. 467.

39 Ebd., S. 469.

40 Ebd., S. 474.

eine Essenz der Astrologiestudie „The Stars down to Earth“[41], in der Adorno ausführlich Funktionen und Symbolisierungen von Astrologie am Material diskutiert.

Mir scheint, es ist seine trotz und wegen empirischer Arbeit beibehaltene kritische Distanz zum Gegenstand, die einen Gestus der Souveränität provoziert, in dem in der Kulturforschung aus magischen Vorstellungen ein Gedankenspiel, eine Art philosophischer Sport gemacht wurde. Opfer solcher Vorstellungen verschwanden aus den Beschreibungen oder wurden der kollektiven Ratio von sozial nützlichen Instanzen untergeordnet. So entstand eine Magieforschung an den vermeintlich ‚Fremden‘, die selten genug die europäischen Phänomene in ihre theoretischen Überlegungen aufnahm und die extremistische Formen magischer Vorstellungen, vor allem die Hexenjagden, als Störungen der Moderne auslagerte, rationalisierte oder als Lapsus ignorierte. Gerade für die Hexenjagdforschung – im Gegenstand intim verwandt mit der Antisemitismusforschung[42] – allerdings wird die Wahrheitsprüfung akut, weil Individuen unter falscher Anklage viktimisiert werden. Hexerei gibt es nun einmal nicht, daher sind die Opfer von Hexenjagden unschuldig und wir schulden ihnen Solidarität. Der „Imperialismus des Wirklichkeitsbegriffs“[43], den Hans Kippenberg etwa moniert, ist im Angesicht der Hexenjagd unvermeidbar.

Wenn die Ethnographie aber dieses theologische Theorem ‚Hexerei‘ als besonderes verwirft, gerät sie in eine Legitimationskrise: Warum die Hexerei, aber nicht die Götter? Warum die Götter, aber nicht die Homöopathie, Reiki oder Akkupunktur? Führt man den Relativismus zur Konsequenz, ohne Reservate für ausgewählte Religionen einzurichten, entsteht entweder ein negativer Relativismus, der sich grundsätzlich über die kosmologischen Prämissen aller Religionen erhoben hat und dann mit der fortschreitenden Schwierigkeit der metaphysischen Qualitäten eigener Philosophie konfrontiert wird – was Adorno in der *Negativen Dialektik* problematisiert. Im schlechteren

41 Theodor W. Adorno: *The Stars down to Earth.* The Los Angeles Times *Astrology Column. A Study in Secondary Superstition.* Frankfurt am Main: Suhrkamp 2003.

42 Vgl. dazu Felix Riedel: *Die modernen Hexenjagden im subsaharischen Afrika. Darstellung und Vergleich mit dem Antisemitismus aus der Perspektive der Kritischen Theorie.* Göttingen: Sierke 2008.

43 Hans G. Kippenberg / Brigitte Luchesi (Hrsg.): *Magie. Die sozialwissenschaftliche Kontroverse über das Verstehen des fremden Denkens.* Frankfurt am Main: Suhrkamp 1978, S. 36.

Fall aber erhalten wir einen konsequent positiven Relativismus, der in seiner Äquidistanz zwangsläufig Individuen zugunsten des jeweils mächtigeren Narrativs opfert.

Ein fiktives Szenario kann das veranschaulichen: Ein Ethnograph im Feld beobachtet, wie ein befreundeter Informant Hexengeister hinter seiner Malaria[44] vermutet und wie er unter vergeblichen magischen Kuren dann qualvoll stirbt. Der Ethnograph respektiert die emische Weltsicht bis zur letzten Konsequenz – die für die Brüder des Verstorbenen dann darin besteht, nach dessen Tod einige Greisinnen wegen Hexerei zu lynchen. Der gleiche Ethnograph hält nun einen Vorrat an Atovaquon-Proguanil bereit, falls er selbst an Malaria erkranken, und auch ein Mobiltelefon für den Fall, dass er selbst angegriffen werden sollte. Sein Solidaritätsentzug bedarf eines extremen, kollektivierenden Otherings, das dem Rassismus gleichkommt. Das wird auch allgemein als Falle des Relativismus benannt und gesehen.

Wenngleich wir auch extremen Relativismus als philosophische Übung ernst nehmen sollten, kommen wir in der ethnographischen ‚Realpolitik' stets bei der Differenzierung zwischen harmloseren Ritualen und bösartigen Todeskulten an, und diese erste Differenzierung zieht in der Konsequenz wieder zahllose intermediäre Werturteile nach sich. Dieses unabschließbare Differenzierungsvermögen macht es möglich, für Erfahrungen des Feldes offen zu bleiben und dennoch im Feld bestimmte wissenschaftliche Errungenschaften dort zugänglich zu machen, wo sie überlebenswichtig werden. Differenzierung erfordert indes erhebliche Fachkompetenz, die mit der Erosion psychologischen und medizinischen Wissens in den erfolgreich vereinzelten Geisteswissenschaften zu versiegen droht.

In Bräunleins Kommentar scheint es, als habe sich moderne Ethnologie im Zuge eines souveränen Skeptizismus mit dem Ausbleiben des Fortschritts zur echten Aufklärung arrangiert: Wir sind eben nie modern gewesen und müssen es auch nie sein. Das entstehende Bild von gesellschaftlichem Wandel und seinen gewaltförmigen Widersprüchen ist entweder das eines natürlichen Vorgangs, in dem keine Subjekte, sondern tatsächlich Weltgeister walten, oder das der Homöostase – beides Positionen, die Wissenschaft als distanziertes Beobachten erlauben und gegen die Kritische Theorie als

44 Malaria kann in vielen Fällen am typischen an- und abschwellenden Fieberkurvenverlauf relativ sicher bestimmt werden.

Vermittlung von Theorie und gesellschaftlicher Praxis einmal ersonnen wurde. Kritische Theorie musste in vollstem Bewusstsein der Zähigkeit und Stärke religiöser Ideologien eine verzweifelte Hoffnung auf eine künftige Änderung des Immergleichen kultivieren, ohne die ihre pessimistische Analyse in zynischen oder depressiven Fatalismus münden würde – sie will eben kritisch sein und Gesellschaft verändern und über sich aufklären, ohne die Rationalisierung und Verwaltung der Individuen weiter voran zu treiben. Sie legt angesichts der Schwierigkeit dessen äußersten Wert auf die Bestimmung von Allgemeinem und Besonderen. Sie ohne eigenständige Arbeiten, ohne akribische Analysen der gesellschaftlichen Spezifik etwa auf die Feinmechanik des indischen Sufismus auszudehnen, verstößt gegen ihren Anspruch, das Besondere gegen die Kategorie, den ausgehöhlten Begriff, zu verteidigen.

> Die Vereinheitlichung der intellektuellen Funktion, kraft welcher die Herrschaft über die Sinne sich vollzieht, die Resignation des Denkens zur Herstellung von Einstimmigkeit, bedeutet Verarmung des Denkens so gut wie der Erfahrung; die Trennung beider Bereiche lässt beide als beschädigte zurück. […] Die Regression der Massen heute ist die Unfähigkeit, mit eigenen Ohren Ungehörtes zu hören, Unergriffenes mit eigenen Händen tasten zu können, die neue Gestalt der Verblendung, die jede besiegte mythische ablöst.[45]

Adornos materialreiche und ineinander verwobene Theorien des Okkultismus und der Halbbildung, die Problematisierung des Verhältnisses von Aufklärung und Metaphysik in der gesamten Kritischen Theorie, bieten gerade für die Ethnologie arbeitsfähige Begriffe, um den Verschlingungen von Moderne und Magie habhaft zu werden. Seine Theoretisierung des Problems von Allgemeinem und Besonderem, die intensive Arbeit an der Methodologie von adäquater empirischer Sozialforschung, die er in Deutschland erst einführte, die zahllosen Kurzanalysen von Alltagsphänomenen könnten so manchen Alpdruck ungelöster Begriffe von der Ethnologie lösen, wenn sie sich denn auf dieses reiche Werk ebenso offen einließe wie auf fremde Sprachen, Speisen und Rituale.

45 Adorno / Horkheimer: *Dialektik der Aufklärung*, S. 42–43.

Abbildungsnachweise

[GALAKTIKON]: ['GIZE:H]

Abb. S. 69–70 © Peter Empl.

Sonstige Abbildungen © [GALAKTIKON].

Call for Papers: Prinzessinnen

Nebulosa – Figuren des Sozialen, Heft 07/2015

Auch heute noch genießt die Prinzessin eine herausgehobene Stellung, die ursprünglich aus einem feudalen System stammt. Als soziale Figur und kulturelles Vorstellungsbild, die bzw. das sich zwischen Person/Mittel von Realpolitik und Phantasiegestalt bewegt, hat sie sich in das bürgerliche Zeitalter ‚hinübergerettet'.
An der Figur der Prinzessin lässt sich sehr deutlich sehen, dass die Definition einer sozialen Figur in Abhängigkeit und Abgrenzungen von anderen erfolgt. In diesem Fall resultiert, Prinzessin zu sein, aus einem dynastischen Verhältnis: eine Prinzessin ist die Tochter von jemandem, ihre Stellung ist damit zunächst immer eine ererbte, keine erworbene. Letzteres sollte sie eigentlich mit bürgerlichen Vorstellungsbildern in Konflikt bringen, dennoch erscheint die Prinzessin auch im bürgerlichen Zeitalter oftmals positiv konnotiert. Im Märchenfigurenrepertoire gehört sie zu den wichtigsten, aber auch zu den ambivalentesten Figuren. Literarisch, künstlerisch und popkulturell blickt die Prinzessin auf unzählige Verarbeitungen zurück – durch Madame de La Fayette, Elfriede Jelinek oder *Star Wars*. Sie ist in zahlreichen Disney-Filmen präsent, Barbie hat prinzessinnenhafte Züge. Mit ‚Devotionalien' des Zauberstab schwingenden Mischwesens Lillifee lassen sich mittlerweile ganze Mädchenleben ausstatten. Jüngst wurde sogar Julia Timoschenko zur „Gasprinzessin".
Signifikant erscheint real wie fiktional das Geschlecht der Prinzessin: Sie ist weiblich, ihr Narrativ oftmals eines der in Hierarchien eingebetteten Abhängigkeiten von (nicht nur) männlichen Figuren – häufig ist sie an Land gebundener, dynastischer und machtpolitischer Einsatz, hat Vater-König und Mutter-Königin oder, im Märchen, muss sie von einem Prinzen aus der Opferrolle befreit werden, damit sie nicht Drachenfutter wird. Sie kann daher als Prototyp und wichtige Projektionsfläche für die Konstruktion von Gender-Vorstellungen gelten. Stereotype werden mit Prinzessin assoziiert. So heißt es auf Stupedia:

> Prinzessinnen sind immer (also ohne Ausnahme) aufgestylt; weshalb sie oft Stunden im Bad brauchen. Ein weiteres Merkmal einer Prinzessin ist unter anderem, dass sie die (oftmals schreckliche) Angewohnheit hat den ganzen Tag hüpfend, singend und lachend durch die Weltgeschichte zu ziehen. Dabei ist auffällig, dass sie immer ein Ballkleid an hat. Ein weiteres Prinzessinnen-Merkmal

> sind die meist langen Haare, die niemals offen sind, sondern immer entweder im Pferdeschwanz gebunden oder hochgesteckt sind.

Ideen wie die von der *Jewish-American Princess* (JAP), die amerikanische Jüdinnen u.a. als stark materialistisch halluzinieren, zeigen ebenso, inwieweit Prinzessin mit sexistischen Vorstellungen besetzt und mit anderen Stereotypen kombinierbar ist. Mit der Figur der Prinzessin rücken allerdings auch Debatten über weibliche Emanzipation in den Blick, eröffnen sich ihr wiederum Handlungsmöglichkeiten, die Frauen anderer sozialer Stellung evtl. nicht haben.

Die Beiträge der siebten *Nebulosa*-Ausgabe wollen vor diesem Hintergrund Prinzessinnen als historische Figuren und Figuren der Gegenwart in den Blick nehmen. Gefragt werden soll nach realen und fiktiven Prinzessinnen in Literatur, Theater, Film, (Pop-)Kultur und Wissenschaften, deren Interdependenzen und Verhältnissen. Anhand von Prinzessinnen sollen mögliche Gestaltungen von Gendervorstellungen zu verschiedenen historischen Zeiten und im gegenwärtigen Kapitalismus, z. B. die Rolle von Prinzessinnen als genuiner Bestandteil des Erwachsenwerdens und mögliche Identifikationsfigur vor allem für Mädchen, hinterfragt werden.

Neben wissenschaftlichen Beiträgen für den Thementeil wird für den Themenschwerpunkt auch nach einem künstlerischen Beitrag zu Prinzessinnen gesucht. Vorschläge hierzu sind ebenso willkommen!

Im an den Hauptteil der Ausgabe anschließenden Forum gibt es die Möglichkeit, auf Artikel des Themenschwerpunkts von *Nebulosa* 06/2014 – Arbeiterinnen und Arbeiter – zu reagieren, sie sollen kommentiert, diskutiert und um weitere Aspekte und Positionen ergänzt werden. Eine vorläufige Beitragsliste von *Nebulosa* 06/2014 findet sich am Ende des CfP.
Interessierte sind herzlich eingeladen, bis zum 30. Juni 2014 ein Abstract (max. 1 Seite) und kurze biographische Angaben (max. ½ Seite) in elektronischer Form (Word- oder PDF-Dokument) an die Herausgeber_innen (Eva Holling, Matthias Naumann, Frank Schlöffel) zu schicken:

nebulosa@neofelis-verlag.de

Die Bekanntgabe der akzeptierten Beiträge erfolgt Ende Juli 2014 per Email. Die Beiträge, deren Umfang eine max. Zahl von 30.000 Zeichen nicht überschreiten soll, müssen den Herausgeber_innen bis zum 1. Dezember 2014 vorliegen.

Arbeiterinnen und Arbeiter
Nebulosa – Figuren des Sozialen, Heft 06/2014

Erscheint im Oktober 2014

Beitragsliste

Michael Beron
„Bist du ein Funpreneur?"
Der fröhliche Roboter als neues kapitalistisches Subjekt

Torsten Bewernitz:
Annäherungen an ein neues Klassenverständnis

Leon Gabriel:
*Arbeiter*innen, Kreative, Probende – eine kleine Problemstellung*

Anna Hollendung
„Blinded by a promise of work"
Repräsentation im hegemonialen Menschenhandelsdiskurs

Philipp Reick
We are the 99% –
Vom Spannungsverhältnis zwischen Volks- und Arbeiterbewegung im frühen bis mittleren Neunzehnten Jahrhundert

Cora Rok
Arbeit in der Gegenwartsliteratur –
Neue entfremdete Bewusstseinsformen?

Peter Schuck
Arbeit an der Entwerkung –
Zur aporetischen Beschaffenheit einer Gemeinschaft der Zombies

Harald Strauß
Arbeiteraristokratie 3.0

Ulf Teichmann
Hoffnungsträger der Revolution oder hoffnungslos korrumpiert?
Arbeiter als Repräsentation und Adressaten der ‚68er-Bewegung'

Künstlerischer Beitrag von *Swoosh Lieu*

Nebulosa – Figuren des Sozialen
hrsg. von Eva Holling / Matthias Naumann / Frank Schlöffel

Bisher erschienen

01/2012 – *Wahrnehmung und Erscheinen*
02/2012 – *Subversion*
03/2013 – *Gespenster*
04/2013 – *Maßnehmen / Maßgeben*
05/2014 – *Subjekte der Geschichte*

In Planung

06/2014 – *Arbeiterinnen und Arbeiter*
07/2015 – *Prinzessinnen*